行基と歩く歴史の道

泉森　皎

はしがき

堺市の郊外に生まれた私の楽しみは探検ごっこであった。小学校高学年の探検とは、百舌鳥《もず》古墳群の一つ一つを訪ね回ることだ。土器や埴輪を拾い、墳丘上にはえているカシやクヌギ、ナラの樹の下に行ってどんぐりを拾う。これをパチンコ（ゴムを使った投石具）で飛ばして遊んだ。古墳は雑魚取りの場でもある。古墳の濠にはえる葦や柳、笹などの下は絶好の釣場であった。特に仁徳天皇陵古墳と、履中天皇陵古墳の間に点在する小古墳群は私の運動場であった。もっとも好きな場所の一つは七観（山）古墳。後にこの古墳は発掘調査が行われ、武器類や帯金具が出土した。当時の探検エリアは主に現在のＪＲ阪和線より西側に限定されていたが、御廟山《ごびょうやま》古墳やイタスケ古墳の付近まで遠征したこともある。また、堺市南区鳳から浜寺まで遠征したこともある。浜寺中学の周辺に点在する野池（四ツ池）の汀には弥生土器や石鏃、石包丁の破片が散らばっていた。このような探検ごっこは、小学生の段階において社会科で教わる日本史や堺の歴史などを体験的に学習できるよい機会であった。

当時、小正月が近づくと、上野芝から踞尾《つくの》を通って家原《えばら》に行った。正月飾りを家原寺《えばらでら（じ）》の大トンド（ン）で焼却してもらうためであった。「文殊さん」。ここでは、奈良時代の高僧行基菩薩のことをそう呼んでいた。行基は泉州の各地に池を造り、川に橋を架け、たくさんの寺を造ったと教えられた。しかし、小学生の頃にはこの家原寺が行基の生家であることと以外、彼が造った寺がどこにあるのか知らなかった。

中学生になると、東や南へ自転車を使って走り回ったが、履中天皇陵古墳の周濠しか知らなかった。だから、光明池や久米田池などの人工の大池には驚いた。特に久米田池は行基の造った池、その隣にある久米田寺は行基創建の寺の一つであると聞き、行基に関心を持った。また、和泉の丘陵地帯には谷山池がある。谷間を堰き止めた大池で、俊乗房重源の築造と説明板にあった。重源のことも気になった。当時買ってもらった小百科事典で行基と重源の事情を調べると、共通点の多いのに気づいた。

各地にはいろいろな歴史が眠っている。歩いて、見て、学ぶ。古道を歩くと歴史が開けてくる。長尾街道（大津道）、丹比道《たじひみち》、西高野街道、熊野街道。これらの古道をリレー式に歩いて視野を広げて行った。古市古墳群の見学に行ったのもこの頃である。

高校では地歴部に属した。顧問は森浩一先生。奈良県や大阪府下の泉北・泉南地域の遺跡の見学にしばしば連れて行っていただいた。高校一年の時、大阪狭山市茱萸木《くみのき》にある須恵器《すえき》窯跡の発掘調査に参加した。先輩の先生方と一緒に作業をしていたら、中折帽子、黒鞄をもった紳士が発掘現場にこられた。この方が末永雅雄先生であった。先生にお会いするのは初めてであったが、新聞紙上の談話や考古学のニュースに解説を書いておられたので少しは知っていた。先生は日本最古の溜池の一つとされる狭山池について、大正一四年（一九二五）の発掘調査の関係で『池の考古学』を著わしておられた。この著書の中に狭山池の修復者として行基や重源の業績を紹介しておられた。

その後、私は文化財の調査・研究のため奈良県教育委員会に勤めることになったが、行基について改めて意識して研究題目としてとりあげることはなかった。行基を研究の主眼にすることはなかったものの、奈良県（大和国）をフィールドにすると行基に関係する伝承を各所で聞くことができた。記録の上では、行基四〇歳の慶雲四年（七〇七）に生駒山房を建立したのが造寺の最初とされている。しかし、三三歳の時に師の道昭が没して遺命により栗原《くりはら》で火葬される前から、道昭のもとで数々の社会事業の実務を行い、在野にあって庶民の指導と各種の土木事業を行って布教活動を実践した。その社会事業と伝道は、和泉から始まり河内、大和、摂津、山城へと拡がって行ったのである。歩いて、見て、何にでも興味を持つ。それが私の考古学の原点である。

本書はそのようにして探訪した行基の足跡について、その時々に書き留めた事柄をつれづれなるままに野帳から抜き出しまとめたものである。それゆえ、行基研究の論文集でないことをあらかじめお断わりしておきたい。

行基と歩く歴史の道　目　次

行基と歩く歴史の道

第1章 大和と河内

1　二上山北麓　穴虫から逢坂・関屋の里を歩く

一、はじめに

二〇一八年春。今年の三月末は気温が上昇したのか、桜花は散り、葉桜となっていた。私は近鉄南大阪線の尺土駅《しゃくど》で電車を降り、西に向った。少し北に寄れば横大路《よこおおじ》が一直線に二上山《にじょうざん》に向っているのが見える。古池の堤を歩き北西から南に下ると、赤い鳥居と黒々とした樹叢《じゅそう》が正面に見えてくる。ここが長尾《ながお》神社《じんじゃ》である。東向きで、大和高田市石園坐《いわぞのにいます》多《た》久《く》虫玉神社《むしたまじんじゃ》（龍王宮）、さらに遠く三《み》輪《わ》山《やま》を指向しているように見える。長尾神社の祭神は天照大神《あまてらすおおみかみ》、豊受大神《とようけのおおかみ》、水光姫命《みひかひめのみこと》、白雲別命《しらくもわけのみこと》の四柱であるが、社伝によると水《み》光姫《ひかひめの》命《みこと》は体が光って尾が生じていたと古記にあり、白蛇であったと伝えられている。遠くに見える三輪山の神も白蛇であったと地元の言い伝えにある。そのようなことから三輪の神を蛇の頭にたとえると、長尾社は蛇の尾尻ということになる。そうすると今歩いてきた道は

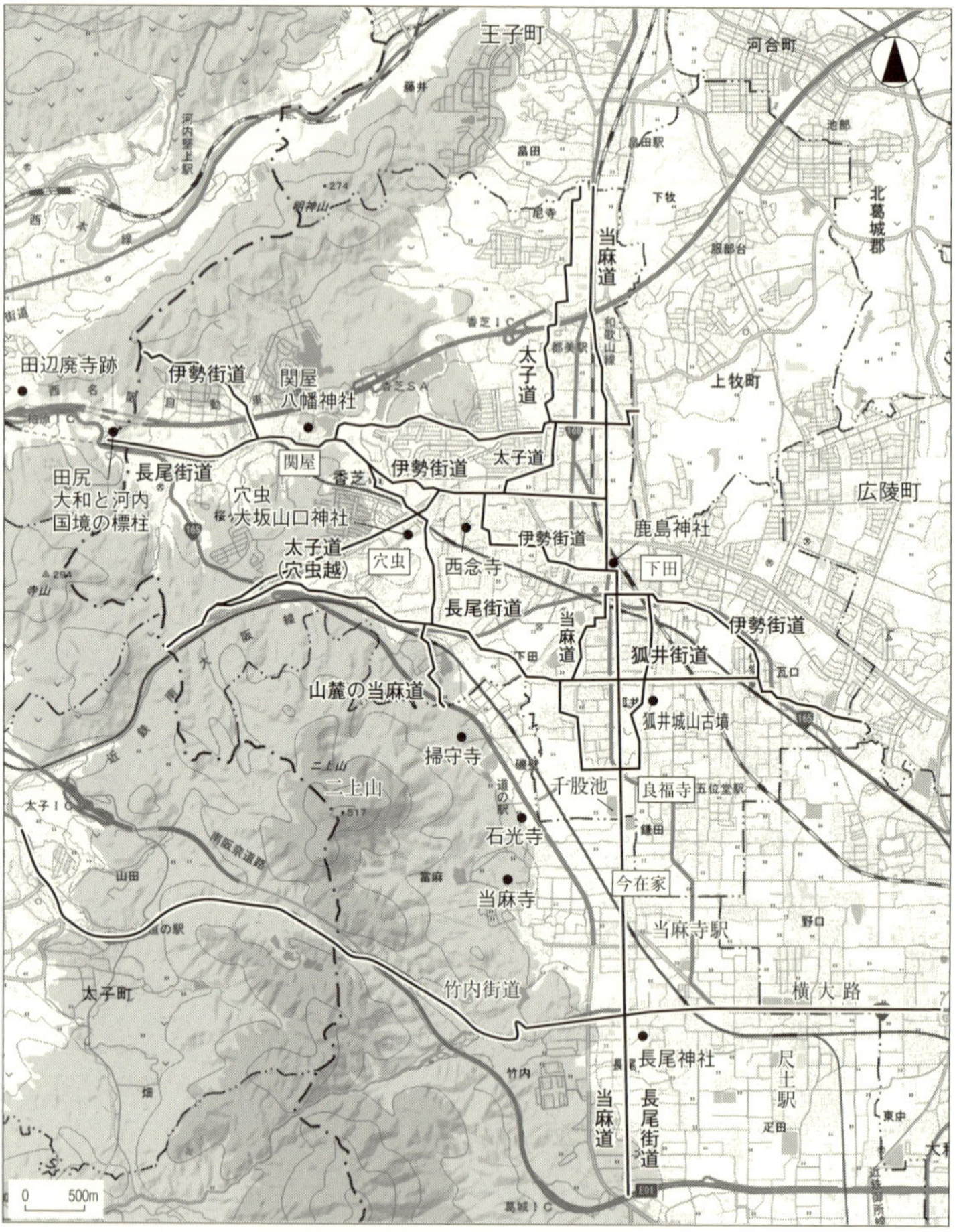

二上上東麓の古道と古跡(国土地理院「電子国土web」を加工して作成)

蛇体になるのかなと、空想をたくましくしてあたりを見わたした。両者は山裾にあり、背後の山に降った雨水は一本の河になって、北西の河合町、王寺町方面へと流れ込む。蛇は水の神、豊作の神としてシンボル化されている。西と東の神様が蛇とはたのもしい。

二、横大路と長尾・竹内

①長尾神社〔葛城市長尾〕

長尾神社は西進してきた横大路が、二上山の山塊にとりかかろうとするところに立地し、この社をすぎると少しずつ登坂になって、竹内をすぎ、二上山雌岳の南裾を越えて、太子町山田や春日へと通じている。ここでこの古社の歴史を紹介しておこう。長尾明神とも呼ばれ、葛城市の北部当麻地域の長尾・竹内・木戸・八川・尺土の五カ村の総社で、『延喜《えんぎ》式《しき》』神明帳には「葛下郡長尾大明神　大　月次　新嘗」とあって式内古社である。二上山竹内越えをする人は必ずこの社に参拝し、旅の安全を祈願した。横大路と竹内越えに注視したが、社の西側には長尾街道とも、御所道とも呼ばれる古道が南北に通じている。ここは一種の衢《ちまた》である。

②長尾道（街道）を歩く

横大路を横切り、旧当麻町庁舎の西側を通りすぎるとすぐに近鉄当麻駅前に出る。西に行けば当麻寺、東に行けば横大路に繋がる新道である。ここでは当麻駅の東側、今在家《いまざいけ》の町並を北へ通り抜けた。平行する近鉄南大阪線の北側台地上は首子七塚で通称された首子古墳群や、只塚廃寺、また竜泉窯の陶磁器が出土した城館跡もすぐそこだ。

今在家を通り抜けると千股池《ちまたいけ》の堤防が見えてくる。千股池の名称は街路の千股の意味と解して衢《ちまた》・道股と書き、道の分かれるところ、わかれ道、つじの意味をもつが、人の集まりやすいところの意味から、市、高札所、関所など多目的に使われた。近鉄南大阪線が二上山東麓を北西に走り抜けるのを見ながら、当麻寺《たいまでら》、石光寺《せつこうじ》、掃守寺《かもりじ》を結ぶ参詣道（山麓の当麻道《たぎまみち》）が見えかくれする。

良福寺から北は香芝市域である。ここには東に折れ阿弥陀橋を通って狐井城山古墳《きついしろやまこふん》の外堤をかすめ、西堤上を北進する道と、西に折れ磯壁《いそかべ》の集落を北西に進む長尾街道の二つの道があったことが道標等によって確認されている。香芝市下田周辺には中・近世の伊勢街道や太子道が最短距離で、下田・穴虫・関屋の村中を通り抜けている。かつての伊勢街道、当麻道は現在、二上山の北側裾を大きく廻り込んで河内に向って走っている穴虫越えと判

1　長尾神社の景観

2　二上山の遠望

断して、近鉄大阪線の下田駅に向った。駅の西側の踏切りを渡ると鹿島神社《かしまじんじゃ》である。

下田付近は馬見丘陵の南西裾を大きく迂回する葛下川とこれに平行する国道一六八号が王寺町方面に走っている。ここでは下田小学校の南側を通り藤山から逢坂《おうさか》に入って行く。逢坂には大坂山口神社（逢坂）と西念寺《さいねんじ》がある。香芝市教育委員会の調査では伊勢街道の往来と関係したと述べられている。

古代の穴虫越え道は特定できないが、直線道路を計画してきた状況をみると下田と北今市の境か、北今市に入って竹田川に沿って西進するルートが考えられる。近鉄大阪線二上駅に近づくと、大坂山口神社と西念寺の案内板が目につく。逢坂にある山口神社の付近、公民館の建っているあたりは、平坦地が続き、南と北に見通しのよいことから、古代の関に関連した兵営跡ではないかと古代郷土史家の小泉俊夫氏の説がある。

二上駅の南側は、古い町屋が残る穴虫の集落である。村の中を西に進むと岩山を背景に大坂山口神社が鎮座する。通称穴虫の山口神社である。祭神は大山祇神《おおやまづみのかみ》、須佐之男命《すさのおのみこと》、天児屋根命《あめのこやねのみこと》の三柱である。すぐ北には現代の穴虫越え道といえる中和幹線が東西に走っている。竹田川の上流地域であるが、ここは遺跡の集中地域である。昭和四〇年頃（一九六五〜）、このあたりを歩いた時に谷間の水田の各所に大きな穴があいていて、ショベルカーと水洗機が稼動していたのを目にした。ここが金剛砂《こんごうしゃ》の採掘現場である。香芝市発行の

「金剛砂の採掘地および採掘許可地」の分布図によると、田尻峠付近から竹田川に沿った三キロの範囲に二九カ所の金剛砂採掘地が記録されている。中和幹線をはさんだ北側の丘陵が高山石切場と火葬墓の発掘調査地である。また西に続く尾根筋も穴虫石切場として著名である。このあたりは二上山の火砕流が噴出、堆積してできた凝灰岩の産地で、古墳時代の石棺材や中・近世の石造物に活用されていた。

大坂山口神社に視点をもどし、その付近を観察してみよう。大坂山口神社は『延喜式』神明帳にみられる古社であるが、近世では牛頭天王社《ごずてんのうしゃ》、祇園宮とも呼ばれ、地元の産土神《うぶすなかみ》の性格を強くもっていた。大正四年（一九一五）、大阪相撲の大の松為次郎の奉納相撲がここで行われている。

山口神社から南に五〇メートル進むと、石組井戸と祠堂がある。この井戸には凝灰岩の層塔の笠石の一部が組込まれている。すぐ右手で山道が二股に分かれる。この分岐点の正面にあたる雑木山が小字名を御坊山《ごぼうやま》という。ここから威奈大村《いなのおおむら》の骨蔵器が出土した。これについては、明和七年（一七七〇）、摂津住吉の僧義端が著わした「威奈大村卿墓誌銘私考」にくわしく考察されている。威奈大村は奈良時代の官人。慶雲二年（七〇五）、越後国司に任じたが、慶雲四年に任地で没し、「大和国葛木下郡山君里狛井山崗」に葬ったとある。また穴虫西集落の西北の丘陵傾斜地から家形骨蔵器が出土している。二上山一帯は葬送の地となっていたのであろう。

先に二上山山麓の資源として、金剛砂と凝灰岩をとりあげたが、旧石器時代以降石器の材料としてサヌカイトが採掘され、各地の遺跡に運ばれて利用された。この地でも石器作りが行われた。桜ヶ丘第一地点などはその代表的遺跡である。

三、オオヤマト古墳群と使用石材

『日本書紀』崇《す》神《じん》天皇一〇年条に、三輪の大物主の妻となった倭迹迹《やまととと》日《ひ》百襲姫命《ももそひめのみこと》が、夫の神が小蛇であったことに驚いて死んでしまった話があり、そのあと大市に箸墓《はしはか》を築く話につながって行く。これを箸墓築造伝承というが、『日本書紀』の現代語訳を引用すると、

……その墓はなづけて箸墓という。その箸墓は昼は人が造り、夜は神が造った。大坂山の石を運んで造った。山から墓に至るまで、人民が連なって手渡しして運んだ。ときの人は歌っていった。

オオサカニ、ツギノボレル、イシムラヲ、タゴシニコサバ、コシガテムカモ。

（宇治谷孟訳著『日本書紀（上）全現代語訳』講談社学術文庫、一九八八年）

大坂山の石と称された石材は奥田尚氏の研究によると、柏原市国分市場「芝山」付近の

橄欖《かんらん》石安山岩と玄武岩であるという（奥田尚『石の考古学』学生社、二〇〇二年）。奥田氏によって箸墓古墳の北側、箸中大池で採集した石室材とみられるものは芝山の橄欖石安山岩と同定されている。この石材を柏原市芝山から、桜井市箸中の箸墓古墳まで運ぶとしたら、大和川を使って上流の王寺、河合、桜井への水運も考えられるが、大坂山石を手越したとの記述を重視すると、香芝市穴虫、関屋（通称大坂山）に集積された石材は東方のオオヤマト古墳群へ順次運ばれたのであろう。

四、軍事面での穴虫・関屋越え

『日本書紀』によると、崇神天皇一〇年に孝元天皇の皇子、武埴安彦《たけはにやすひこ》の謀反の話が出ている。武安彦は山背《やましろ》より、妻の吾田媛《あたひめ》が大坂から進軍して京を襲おうとした。天皇は五十狭芹彦命《いさせりひこのみこと》（吉備津彦命）を遣わして吾田媛の軍を大坂山で大いに破ったとある。

またこれより少し前の崇神天皇九年春三月、天皇の夢の中に神人があらわれ、お告げをした。それは「赤の楯八枚、赤の矛八本で墨坂の神を祀り、また黒の楯八枚、黒の矛八本で大坂の神を祀れ」とある。宗教上の呪術行為ではなく、京の東と西の主要道路の防御を固めた話と受けとめることもできる。そこで翌年、吾田媛の軍をここで防いだ話につながって行く。
壬申年（六七二）七月四日、大海人皇子《おおあまのおうじ》側の将軍大伴吹負《おおとものふけい》が、援軍の置始《おきそめの》連《むらじ》菟《うさぎ》と連合して当麻衢に近い葦池の畔で、大坂道を進軍してきた近江方の壱伎《いきの》史《ふひと》韓国《からくに》の大軍と激突したところである。関屋・穴虫の隘路《あいろ》を通る大坂道をうまく利用して、近江軍の大軍の集結前に撃破した大海人皇子側の作戦勝ちであったといえよう。

先に紹介した崇神朝の反乱伝承と、壬申の乱の記事の類似点の多いのに驚く。崇神朝の反乱伝承記事は壬申の乱の戦闘がモデルで、『日本書紀』の編纂時に付加されたものであろうか。

穴虫の大坂山口神社の西で山道を下ると、立派な鳥居が建っていて裏山参となる。東に廻り込めば安遊寺。たしか威奈大村墓発見に関わった寺が集落の中心に移転していた。

少し坂を下ると近鉄南大阪線と国道一六五号線が走っている。大和高田バイパスの高架橋をくぐり西方に走る道がある。これが穴虫越え道である。この付近の標高は一〇四・七メートル、先ほどの長尾神社付近が標高八一・五メートルであったので、その差は二三・二メートル。すこし廻り道となったが、ゆるやかな峠道である。西に下れば南河内郡太子町から藤井寺、羽曳野を通り堺に至る。これが本来の丹比《たじひ》道である。

五、まとめにかえて

香芝市穴虫で二上山雄岳の裾を廻って西方に進み現在の国道一六六号線と一体となる。ところで、竹内峠は標高二九〇メートルあまり、東裾の長尾神社周辺で海抜八一・五メートル、その標高差は二一〇メートル近くある。だから、南河内の人と物の交流は標高差が少なく、ゆるやかな峠道の穴虫越えを利用したと思われる。

穴虫から関屋へはごく近距離である。関屋集落の東側、籏尾《はたお》下池《したいけ》の東堤に立って東方を望むと馬見丘陵の西端まで見通せる。ゆるやかで、長い坂道は逢坂（大坂）の地形表現に当を得た名称である。関屋の地名は関所と付属施設を言い表わしているのであれば、西側と東側を見通せる八幡神社付近（標高一〇一・五メートル）が好適地と推察した。ここまでくるとすぐ西に関屋峠がある。別名国分峠といい大和・河内の国境である。『庁中漫録《ちょうちゅうまんろく》』に「国境より河内国国分村へ十八町卅間」とある。また関屋の村はずれから南方へ向かい田尻峠を経て柏原市田辺に至る道もある。分岐点の道標をたどると関屋北六丁目の住宅地の縁辺を通って柏原市東條《ひがんじょ》から国分へ、さらに藤井寺市の国府《こう》に通じている。この付近一帯が河内国庁のあったところである。ここから西に連なる直線道路が大津道である。

3　香芝市 関屋八幡神社

4　田尻越え 大和・河内国境の標柱

交通網として直線道路で最短を選ぶとしたら柏原市の国分から関屋・穴虫・下田、下田から高田・桜井へ、また下田から当麻・横大路・藤原京に通じていた。二上山周辺は各種の道路が集中しているところである。

2　近つ飛鳥の里を歩く

一、はじめに

近鉄南大阪線の上ノ太子駅周辺は果物の里として有名な地域だが、近年は様相を一変した。駅前から南に向かって一直線の道路が付き、調和のとれた住宅街が続いている。これに伴い駅舎の改築や駅前広場の整備がなされて太子町の北玄関口となり、竹内峠を源とする飛鳥川《あすかがわ》にかかる橋も、欄干を朱色に塗りムードを高めている。

二、近つ飛鳥の古墳分布

ここで駅周辺の遺跡を紹介する。駅の北側を迂回した大坂道、そして二上山雄岳・雌岳の南側を走る岩屋道がある。また竹内峠を越える山道もあり、このあたりで一本にまとま

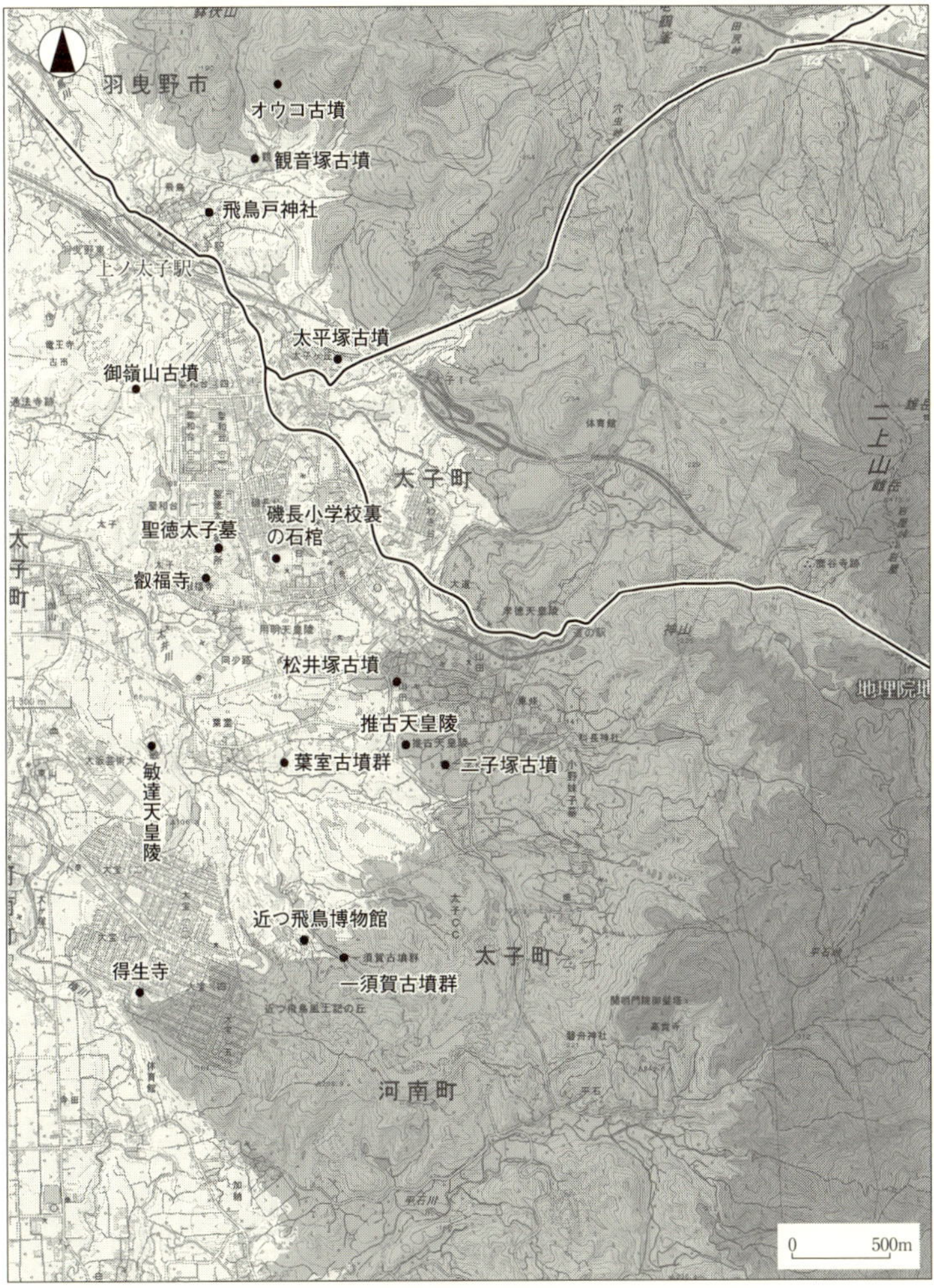

近つ飛鳥の里の遺跡分布（○○天皇陵は天皇陵古墳の意味）
（国土地理院「電子国土web」を加工して作成）

り竹内街道として北西に進んでいる。駅の北側、ブドウ畑を見つつ飛鳥戸《あすかべ》神社から北東に進めば観音塚古墳とその一群、谷を隔てた東側はオウコ古墳があり、横口式石槨《よこぐちしきせっかく》をもつ終末期古墳が集中している場所である。

①御嶺山古墳〔南河内郡太子町太子〕

観音塚、オウコ古墳群と聖徳太子墓との中間西寄りに、御嶺山《ごりようやま》古墳がある。ブドウ畑の中にあり、南にゆるく傾斜する丘陵の中腹に立地している。奥室の盗掘穴から覗くと格狭《こうざ》間《ま》という装飾の彫られた棺台が目につく。朱塗りの木棺片や棺金具、琥珀玉、ガラス玉等の遺物類とともに人骨も出土している。

②太平塚古墳〔南河内郡太子町春日〕

上ノ太子駅から南東九〇〇メートル、近鉄南大阪線の線路横に半ば埋もれて現存するのが太平塚《たいへいづか》古墳である。大阪府教育委員会の山本彰氏は孝徳天皇陵説を出している。穴虫越えの大坂道は、この古墳の前から南南東に進み、牡丹洞、どんづる峯《ぼう》の麓を抜け、香芝市逢坂に至っている。

太平塚古墳の北東で見つかった田須谷《だすだん》古墳についてもふれておこう。ここも二上山の西麓で竹内街道の北側に位置している。平成八年（一九九六）、南阪奈道路建設に伴う調査で、東西に並ぶ二基の方墳が検出された。いずれも南斜面を巧みに利用した台形の三段築成の墳丘で、一段目は幅約一五メートル、奥行約一八メートルの規模をもっていた。上部の三段目の平坦部に築かれた埋葬施設は、盗掘によって破壊されていた。調査者は残存した資料から、小形の石棺を利用した横口式石槨を想定している。また二号墳と一号墳は同規模で同じ構造をもっていたと推定している。出土した土器類から築造時期を七世紀第四四半期と推定している。田須谷古墳のすぐ北側は、紀吉継《きのよしつぐ》墓誌の出土した「茶臼山」、出土瓦から白鳳期の創建とみられる「妙見寺跡」、さらに己丑年銘のある采女竹羅《うぬめのちくら》榮域碑《えいいきひ》の出土地と推定されている「片原山」と続いていて、飛鳥時代から平安時代にかけての葬地の一つであった。

③松井塚古墳と尼ヶ谷古墳（南河内郡太子町山田西）

付近を紹介しているうちに、聖徳太子墓のある上城《うえんじょ》の松山と叡福寺《えいふくじ》の伽藍が見えてきた。まず叡福寺の東側「太子・和みの広場」で、移築された松井塚古墳の横口式石槨や尼《あまん》ヶ谷《たに》古墳の横穴式石室、その南隣にある聖徳太子墓の横穴式石室の模型（縮尺六分の一）等で予備知識を得ておこう。

松井塚古墳は、昭和三三年（一九五八）一一月四日付の毎日新聞に「太子町の松井塚古墳　薄葬令《はくそうれい》の貴族の墓だが盗掘で中身は少ない」とある。叡福寺の南東方向五〇〇メートルの丘陵上にあった納屋の改築現場から見つかった横口式石槨古墳である。一辺一六メートルの方墳で、墳丘中央に南北方向の大きい穴を掘り、底に砂礫を敷き詰めたのち、凝灰岩製の横口式石槨を安置して、墓壙と石槨の間は横穴式石室状の壁面を組み立て、天井を架けている。石槨は南側小口部を開口させ、ここで別作りの石蓋で開閉するようにしていた。この古墳は実年代を推定できる古墳の一基ではないかとして注目された。横穴式石室は長さ九尺、幅、高さが五尺（一尺三〇・三センチ）、墳丘の一辺一六メートルは九尋（一尋一八〇センチ）となる。大化二年（六四六）に出された「薄葬令」では、内部施設が長さ九尺、幅五尺、外部施設（墳丘）が方九尋となれば、王以上の身分となる。

東隣に移築されている尼ヶ谷古墳は、これからの見学ルート上にあった古墳である。用明天皇陵古墳（向山古墳）の西側にあり、平成一二年（二〇〇〇）太子中央道の道路工事中に発見された古墳で、尾根の頂上近くの北斜面に立地していた。墳丘は二〇メートル前後の円墳か方墳と推定され、埋葬施設は東南東方向に開口された全長一〇メートルの横穴式石室で、玄室がやや胴張りしていることが特徴である。玄室内に凝灰岩製の組合式家形石棺を安置し、後に鉄釘の出土によって木棺の追葬があったと確認されている。石室や石棺が破壊されていたにもかかわらず六世紀後半の土器類とガラス製管玉、臼玉、金製耳飾りなどがよく残っていた。

叡福寺境内の奥まったところに「聖徳太子墓」に治定された古墳がある。この古墳は喜《き》田《た》貞吉《さだきち》博士（一八七一～一九三九）により、もっとも被葬者の確かな古墳とされているが、「墓の構造、副葬品、記録、さらに『墓誌』、『墓碑』など、確実な資料がなくては被葬者は決められない」との原則から、「上城《うえんじょ》古墳」と呼んでいる。古墳の被葬者を決める原則を述べたが、古墳が聖徳太子墓であると考える人は多い。古墳は径五〇メートル前後の円墳（一説には径三五メートル）。聖徳太子は『上宮聖徳法王帝説《じょうぐうしょうとくほうおうていせつ》』や『天寿国繍帳《てんじゅこくしゅうちょう》』の銘文によると、推古天皇の二九年（六二一）一二月二一日に聖徳太子の母后の穴穂部間人《あなほべのはしひと》皇后が、次いで翌年の二月二一日に妃の膳臣女《かしわでのおおみのむすめ》、翌日の夜半には太子自身も薨《こう》じられたとなっている。この古墳の入口は中世に開口され人が出入りしたことは、洞院公賢《とういんきんかた》が『園《えん》太暦《たいりゃく》』に詳しく記述している。また、叡福寺に伝わる『聖徳太子御廟窟絵記文』などに石室の見取り図が著わされ、内部に三棺が安置されていると記録されている。明治一二年（一八七九）墓域の柵の修理が行われ、この時石室内にも関係者が入って見取り図や『聖徳太子磯長《しなが》墓実検記』を書き残している。見取り図の制作者は明治時代の画家・富岡鉄斎《とみおかてっさい》（一八三七～一九二四）である。

④叡福寺と聖徳太子墓〔南河内郡太子町太子〕

叡福寺の境内には古墳の石棺材とみられるものが転用されて保管されている。また、聖徳太子墓の東側の玉垣内に融通念仏宗《ゆうずうねんぶつしゅう》の宗祖良忍《りょうにん》上人（一〇七二～一一三二）の墓塔と伝える凝灰岩の層塔が安置されている。この石塔の台石は大きな凝灰岩の板石で、幅一一一センチ、厚み一〇センチ、三方を屋根形に削り落としている。また西側墓地の高台部に、忠禅上人の石塔と伝えるものがある。石塔は不揃いで、しかもかなり風化しているが、その台石は二一一センチ、幅一一三センチ、厚み一七センチの凝灰岩の板石で、側板をはめる溝が四方に彫られている。

1　磯長小学校裏の石棺蓋

もう少し確実な資料を見学しておこう。「太子・和みの広場」から太子中央線を東に渡り、急な坂を北方に登ると、東側に磯長小学校が見えてくる。この学校と北側の町民グランドとの間に小さな緑地がある。道路の東側が階段になっており、頂上付近の安全柵が途切れている。

ここが緑地の入口で、中央に凝灰岩製の多層塔が安置され、この台石にも家形石棺の蓋石が使われている。蓋石は長さ二五五センチ、横幅一四五センチと異常に幅広に造られていて、天井部分も緩やかな丸みを描いている。大型石棺の蓋石であることから、もとは横口式石槨であったとみられている。この石棺蓋は「磯長小学校裏の石棺蓋」として知られている。

叡福寺周辺は見学するものが多いので、かなりの時間を取った。用明天皇陵古墳の西から南へ迂回するように通り過ぎ、国道一六六号のバイパスを横断して、山田斎場から御陵前バス停に出ると、南南東に黒々とした推古天皇陵古墳の木立が迫ってくる。

⑤推古天皇陵と二子塚古墳〔南河内郡太子町山田〕

推古天皇陵に治定されている山田高塚古墳は東西五九メートル、南北五五メートルの方墳で三段に築成されている。この古墳も盗掘を受けたことが『扶《ふ》桑略記《そうりゃくき》』の康平三年（一〇六〇）の記録に見える。また幕末の『山陵絵図』に墳丘の東寄りに横穴式石室があり石棺が納められていること、そして石棺は左右相並ぶとあり、二棺が納められていたことが知られる。この石室とは別に西側に石材が描かれていて、もう一つの石室の存在が推定されている。

2　二子塚古墳の石棺

稲の刈り入れの終わった畦道を進むと、二子《ふたご》塚《づか》古墳の東側墳丘の側面に出る。二子塚古墳は一辺二五メートルの方墳二基が東西に並んでいるが、二基の間は渡り廊下の様なもので繋がっていたのか、隣接して並列していたのかは、微妙なところが採土によって変形しているため判断できない。二子塚古墳の名称は並列している墳丘の外観に由来すると思われるが、昭和三三年（一九五八）に埋葬施設の調査が行われ、東・西の墳丘の埋葬施設は小型横穴式石室で、中に家形石棺（刳抜式蒲鉾形の石棺）が納められていることがわかった。また東墳の石棺と西墳の石棺は、ほぼ同じ大きさであった。二子塚古墳は墳丘だけでなく、石室の規模、石棺の大きさなど、すべての点で相似形、つまり双生児であることに驚かされる。

二子塚古墳の見学道を南側に降り、再び推古天皇陵古墳（山田高塚古墳）の南西隅から北に進むと、近つ飛鳥博物館の案内板が出ている。ここから西方向に六〇〇メートルも進めば葉室古墳群である。

⑥**葉室古墳群**〔南河内郡太子町葉室〕

叡福寺の南方、磯長の台地上に点在する五基の陵墓は通称「梅鉢五陵《うめばちごりょう》」と呼ばれ、用明天皇陵（古墳）を中心に梅鉢文状に分布している。この磯長陵墓群と匹敵するといわれるのが葉室古墳群であるが、近つ飛鳥博物館、一須賀古墳群への見学を急ぐあまり、見逃されてしまっている。

葉室古墳群は東西三〇〇メートル、南北二五〇メートルの範囲内に大型の後・終末期古墳が四基集中している。西北からモンド塚古墳、釜戸塚《かまどづか》古墳、石塚古墳、葉室塚古墳とあり概要は次のとおり。

モンド塚古墳　径三〇メートル、円墳。

釜戸塚古墳　径四五メートル、高さ五メートル、円墳、全長二五メートル弱の横穴式石室、馬蹄形周濠が廻る。

石塚古墳　径三〇メートル、高さ四メートル、円墳、切石横穴式石室、全長一〇・六メートル、玄室内家形石棺、羨道に木棺、須恵器の長頸壺、短頸壺などが出土。

葉室塚古墳　東西七五メートル、南北五五メートル、高さ八メートル、二段築成、長方形東・西に横穴式石室（推定）、周濠。

葉室古墳群の長方形の墳丘は、推古天皇陵の三段目以上と同比率であるとの指摘や、釜戸塚古墳の墳丘と石室規模は聖徳太子墓に匹敵するとの意見もある。磯長の梅鉢五陵と南方の一須賀古墳群の中間にあるだけに、謎の多い古墳群である。また葉室集落の中には天皇塚古墳、塚穴古墳、五右衛門石など小古墳が点在している。

⑦一須賀古墳群（南河内郡河内町一須賀、他）

葉室古墳群から一〇〇メートルも進めば、東側、西側も尾根が迫ってきて深い谷間に誘い込まれる状態になる。ここは一須賀古墳群の一画、北東側にO支群やQ支群、南西側にA支群が分布している。

正面に近つ飛鳥博物館の白亜のメキシコ・マヤ風ピラミッド（筆者表現の特徴のある建物の意味）が見えてきた。私が河内の終末期古墳めぐりの原点にしたところで、松井塚古墳や御嶺山古墳の出土品、また聖徳太子墓（古墳）の墓室と石棺、河南町アカハゲ古墳、塚廻《つかまり》古墳の石室模型と出土品が展示されている。見学してきた古墳の再確認、またこれから見学する一須賀古墳群や寛弘寺古墳群の予備知識を得ることができる。

一須賀古墳群は二三支群二六二基からなる大群集墳である。大部分は「近つ飛鳥風土記の丘」に組み込まれ、二九ヘクタールの園内に一〇二基の古墳が点在し、そのうち四〇基を整備して見学できるようになっている。博物館の入口前に一基、道路の橋下に小石室が一基と、一須賀古墳群の入門編の小石室をみてから風土記の丘管理事務所までの約三〇〇メートル間を歩くことにする。B-九号から一一九・二〇号墳、寛弘寺《かんこうじ》四五号墳と三基の移築した石室が並んでいるが、古い方から順に横穴式石室の変遷を概観することが出来る。管理事務所横から緑の広場に向かえば、一須賀古墳群最大のD-四号墳の横穴式石室にお目にかかれる。

三、まとめにかえて

管理事務所で組合式家形石棺やパネルを見て、阪南ネオポリスの一画にある得生寺《とくしょうじ》を拝観することにする。大宝三丁目で南に曲がって五〇〇メートルも進むと、大宝南公園の東側に得生寺がある。浄土宗知恩院末寺で、山号は大宝山。慶長年間に現地に移建したと伝えている。本尊は丈六の阿弥陀如来坐像（重要文化財）である。保存状態のよい寄木《よせぎ》内刳《うちぐり》漆箔《しっぱく》像で、両手を膝の上で組み合わせた上品上生《じょうぼんじょうしょう》印《いん》を結び、頭部に高く大きな肉髻《にっけい》、水晶の白毫《びゃくごう》、半眼の伏目がちな円満な面相、左肩に袈裟を懸け、豊かな半身を露わし蓮華座に結跏《けっか》趺坐《ふざ》する姿は、平安時代後期の代表的な阿弥陀像にふさわしい尊像である。

3　得生寺 阿弥陀如来坐像

4　富田林市 寛弘寺古墳公園

得生寺で心を洗われた後、裏道を梅川に沿って寺田へ向かう。ぷくぷくドーム（総合体育館）の特徴ある建物を右にし、寺田バス停を横に見て河南町役場を西進して京街道に出る。これは東高野街道の枝分かれ道で、千早赤阪村《ちはやあかさかむら》までの直線道になっている。寅ヶ池の堤防から西側を見ると、寛弘寺古墳公園内の三基の古墳が西日に大きく浮かび上がってくる。見学の最終地点はすぐそこである。帰りは、寛弘寺バス停から近鉄富田林駅までバスが通っている。

3　羽曳野丘陵中央部を歩く

一、はじめに

羽曳野《はびきの》丘陵は、堺から河内長野に通じる西高野《にしこうや》街道を起点に、現在の大和川の北方あたりまで延びる南北一〇キロ、東西四キロの舌状の丘陵地で、南河内の中央部分を占めている。

「羽曳野」の地名起源は日本 武 尊《やまとたけるのみこと》の白鳥伝説に起因している。伊勢能褒野《のぼの》（三重県亀山市）に葬られた日本武尊が大和琴弾原《ことびきはら》（奈良県御所市）、河内古市と順次陵墓が造営されながらも、そこから飛び立ち、「埴生《はにゅう》の丘を羽を曳くがごとく」天にあがって西に飛び去ったと、大鳥神社（大阪府堺市）の縁起などに記されているという。

羽曳野丘陵の東辺については、古市古墳群の允恭《いんぎょう》天皇陵古墳から船橋遺跡にかけての寺院と古社の見学も見所の一つである。東高野街道に沿って展開する五世紀から八世紀ま

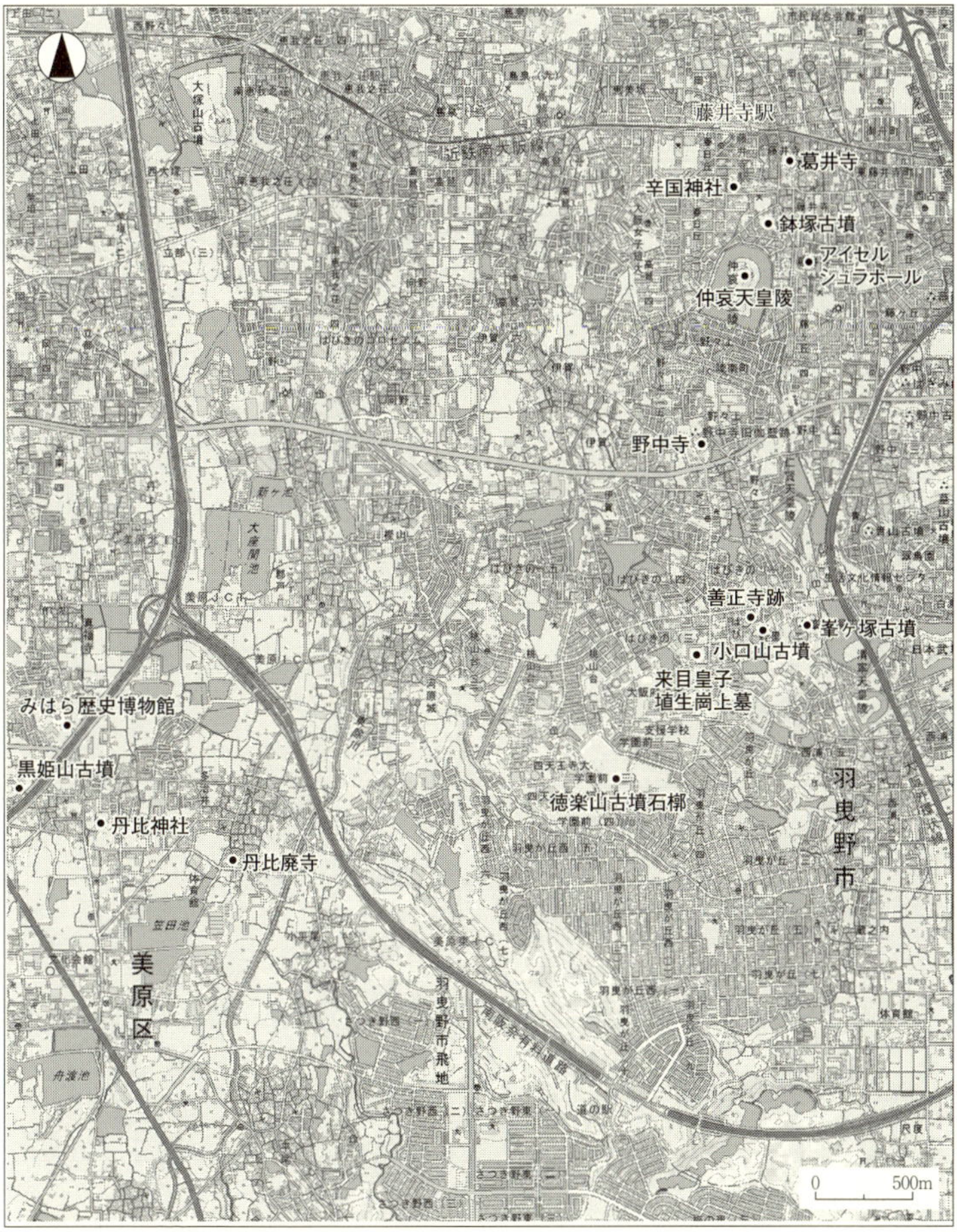

羽曳野中央部の遺跡分布（○○天皇陵は天皇陵古墳の意味）
（国土地理院「電子国土web」を加工して作成）

での歴史の流れを大観できる。

二、羽曳野丘陵の古社寺と古墳

今回は羽曳野丘陵の中央部を、古寺、古社、遺跡を訪ねながら、南北に縦断することにし、出発点は近鉄南大阪線藤井寺駅とした。駅の南側に出て葛井《ふじい》寺《でら》の案内板を目印に東側の商店街を進めば、西国三十三所観音霊場の第五番札所「葛井寺」の西門（四脚門・重要文化財）が見えてくる。

①葛井寺〔藤井寺市藤井寺一丁目〕

葛井寺の西門の前を通り越して南側に廻れば、江戸時代寛政期建立、重層の南大門が聳えている。ここから見ると、広い境内と江戸時代享保期の本堂との調和がよく整っている。境内には鐘楼、護摩堂、納札堂などがあり、毎月一八日には、本尊の千手観音像（国宝、天平後期の乾漆坐像）が御開帳となる。

ここで葛井寺の考古学的知見をまとめておこう。境内の発掘調査がなされていないので、伽藍配置は不明であるが、室町時代の『紙本著色葛井寺伽藍図』や『河内《かわち》名所図《めいしょず》会《え》』によ

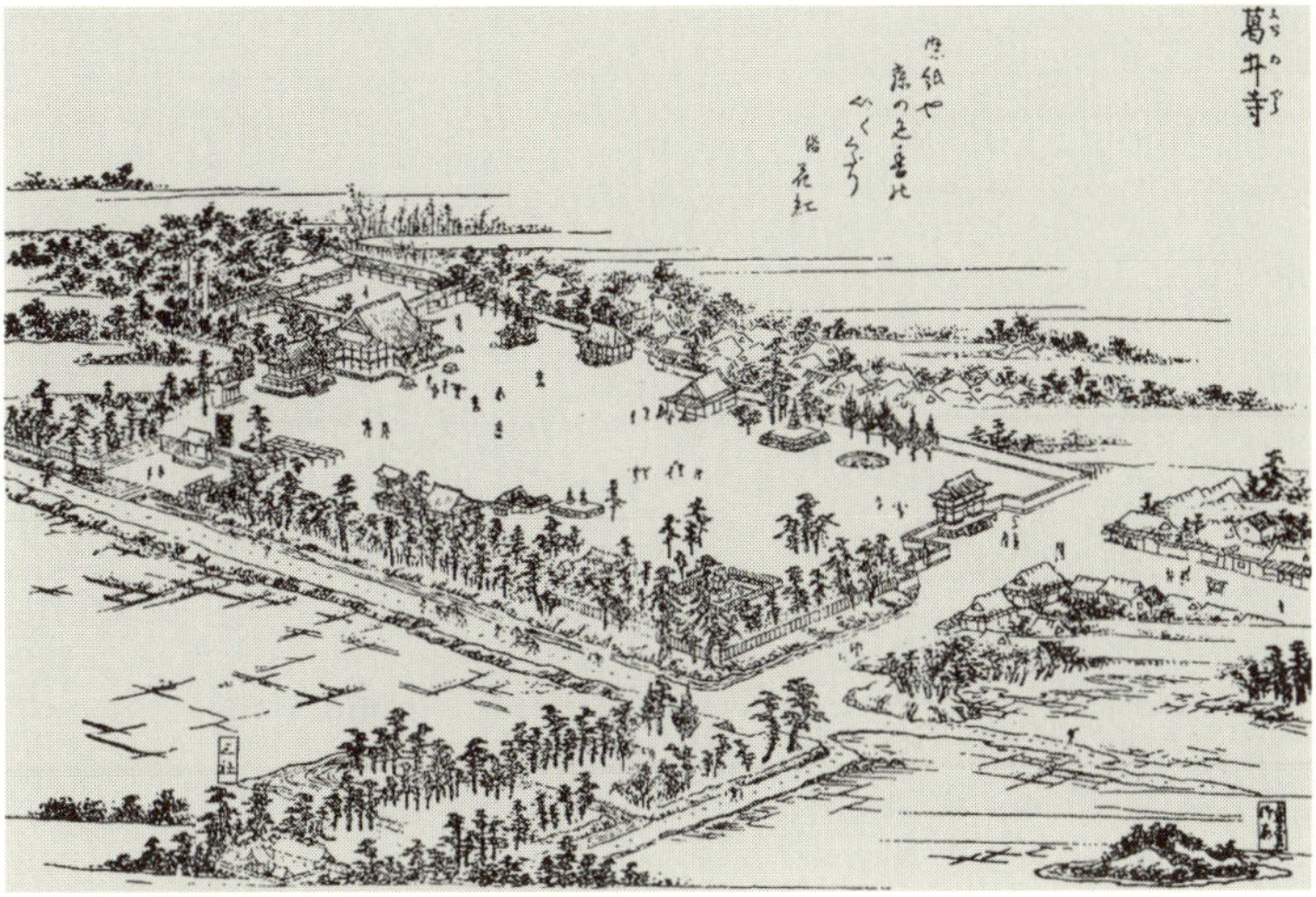

1　葛井寺（『河内名所図会』巻四より）

ると、東西に二基の塔をもった薬師寺式伽藍配置と考えられる。本堂正面南側の藤棚の下に、塔の礎石といわれるものがある。一九〇センチ×一六八センチの扁平な巨石で、柱座などの加工は見られない。また、その横に径一メートル弱、中央を平坦にした礎石が二個置かれている。

ところで、葛井寺は寺伝によると聖武天皇の勅願によって建立されたとするが、現境内の北東一〇〇メートルの地点で、七世紀中頃の集落の一部や軒瓦が出土しており、養老四年（七二〇）に葛井連《ふじいのむらじ》と改姓した百済王族辰孫王《しんそんおう》の子孫と伝える白猪史《しらいのふひと》により、氏寺として建立されたと考えられている。

なお、多くの人が疑問にされるのは、市名の「藤井寺」、駅名の「藤井寺」と、寺院の「葛井寺」とは表記が異なるのはなぜかということだ。『大阪府の地名』（平凡社）によると、平安時代中頃、奈良県橿原市軽《かる》出身の藤井安基《やすもと》が葛井寺を再建したからとも、あるいは『拾芥抄《しゅうがいしょう》』にある「従三位藤井給子」に基づいているともいわれている。

②辛国神社〔藤井寺市藤井寺一丁目〕

葛井寺の南大門から西に出て、鳥居をくぐり長い参道を進むと、辛国神社がある。拝殿と本殿は東向きに建つ。「辛国」は「唐国」、「韓国」に通じ、渡来系の神を祀っていたのではないかといわれているが、室町時代以降、河内の守護職畠山基国《はたけやまもとくに》の帰依を受け、それ以降は、河内の枚岡《ひらおか》神社、奈良の春日社との結びつきを強め、春日の神（天児屋根命《あまのこやねのみこと》）、葛井寺の境内に鎮座した長野神社（饒速日命《にぎはやひのみこと》）を合祀した三社合体形式が完成したとみられる。

③鉢塚古墳とアイセルシュラホール〔藤井寺市藤井寺四丁目〕

葛井寺の西門に戻り南に進むと、西側に西向きの前方後円墳、鉢塚古墳《はちづか》（全長六〇メートル）がある。幼稚園の塀越しに見ている間に仲哀天皇陵古墳の後円部が見えてくる。東側に目を移してみると、アイセルシュラホールの巨大な船形の建物が横たわっている。

ホールの二階に古代資料室や歴史展示室があり、考古学の資料で見る「藤井寺市の歴

2　辛国神社境内の景観

3　仲哀天皇陵古墳(写真提供:大阪府立近つ飛鳥博物館 1980年撮影)

史」が展示されている。津堂城山《つどうしろやま》古墳、墓山古墳、岡古墳の資料を、出土状況を示すパネルと共に見学することができる。二階のテラスに出て、仲哀天皇陵古墳の全景を俯瞰するのも楽しい。この船形建物は、岡古墳から出土した舟形埴輪の断片を元にしてかたどったもので、屋根の先端部分は修羅の形を表わしているという。

④仲哀天皇陵古墳とその周辺〔藤井寺市藤井寺四丁目〕

仲哀天皇陵古墳の濠に沿って南に進むと岡古墳、割塚古墳、落塚古墳が濠の外側線に沿って配置されている。調査の行われた岡古墳は、一辺三五メートルの方墳、葺石の基底部や円筒埴輪列が検出されている。墳頂部の中央で南北方向に主軸をもつ割竹形木棺を安置した粘土槨が検出され、棺内から三面の銅鏡が出土している。

⑤野中寺〔羽曳野市野々上五丁目〕

仲哀天皇陵古墳の南西隅に出て、バス通りを南に進めば府道三一号堺羽曳野線の交差点、北西隅が野中寺《やちゅうじ》である。中門跡に建つ朱塗りの楼門をくぐると西側が塔跡、東側が金堂跡である。講堂は中軸線上で北側に位置する。この伽藍配置は法隆寺式と呼ばれているものであるが、東側の金堂は南向きではなく、西向きで、塔と向かい合った形をとっている。

4　野中寺

飛鳥の川原寺《かわらでら》では塔と西金堂が向かい合う形をとるが、二つの建物の配置が東西逆になっている。野中寺式伽藍配置と呼ぶべきものであろう。

野中寺の発掘成果の紹介はここでは省略するとして、塔心礎についてふれておこう。添柱の付く心礎穴と、横向きに穿《うが》った舎利孔は絶対見逃してはならないものである。また心礎の上に刻された亀の表現は、当初からなのか後刻なのか意見が分かれるところであるが、私は塔廃絶後の追刻とみている。

野中寺の創建は、塔跡出土の平瓦に「庚戌《こうじゅつ》年正月」の刻字がある。「庚戌年」は六五〇年にあたり、七世紀中頃、船氏によって建立されたとみるのが一般的であるが、野中寺の所在する地名との関係から「野々上連」や「野中連」にあてようとの説がある。

野中寺境内には、善正寺の塔心礎二点とヒチンジョ池西古墳の横口式石槨が移設して保管されている。

5　峯ヶ塚古墳（写真提供：大阪府立近つ飛鳥博物館 1977年撮影）

府道を越え一〇〇メートルも進めば東西に走る直線道路が目に付く。これが竹内街道、この付近では丹比《たじひ》道《みち》と呼んでいる。以前、白鳥陵古墳の北堤を歩いた時、丹比道の一部を案内したことがある。

⑥峯ヶ塚古墳〔羽曳野市軽里二丁目〕

羽曳山住宅前まで少し早足で歩こう。ここで東に折れると昼食を予定している「ＬＩＣはびきの」の建物が見えてくる。道を挟んだ南側の公園は峯ヶ塚古墳である。二重濠をもつ西向きの前方後円墳で、墳丘全長九六メートルの規模をもつ。後円部の頂上部も試掘され、安山岩の板石を積み上げた竪穴式石室と阿蘇溶結凝灰岩の石棺片が検出されている。武器・武具・馬具・装身具・玉類など、多くの副葬品が出土した。

⑦善正寺跡と小口山古墳（羽曳野市はびきの二丁目）

峯ヶ塚古墳から一〇〇メートルほど西に戻ることにしよう。歩道の安全柵にくくりつけるように善正寺跡の説明板が立っている。この説明板のある背後の住宅地が善正寺跡である。昭和二四年（一九四九）の発掘調査などで薬師寺式伽藍配置をもつことが確認されている。『続日本紀』には「野中寺以南の寺山には葛井・船・津三氏の墓地があった」としている。寺山の寺とは善正寺のことであろう。

善正寺跡と峯ヶ塚古墳の間は自然の地形が残っている。住宅地の間を東に入ると遊歩道が付いていて、小口山古墳に自然に導かれる。「河内軽里掘抜石棺」として著名なもので、二・七メートル×一・六メートル×一・六メートルの凝灰岩の巨石を刳り抜いて埋葬施設にしたもので、南側の閉塞石以外を一石で造りあげているものは珍しい。石槨と埋土の間には自然石を積み上げ、入口部も短い羨道状の石積をもっている。この古墳の東側にもう一基の終末期古墳の存在が確認されている。

⑧来目皇子墓（羽曳野市はびきの二丁目）

バス停羽曳山住宅前まで戻り、南に進むと来目皇子《くめのみこ》埴生崗上墓《はにゅうのおかのえのはか》（埴生野塚穴山古墳）の墳丘が聳えている。北側に廻り込んで木立の隙間に目をこらすと、一辺四二メートルの方錐形の墳丘が見えてくる。正面の遥拝所のところでは墳丘を見ることができないが、マンションの北側に立てば墳丘の観察は可能である。

来目皇子は用明天皇の皇子。推古天皇一〇年（六〇二）、征新羅将軍に任ぜられるが、筑紫国で薨じている。来目皇子墓のことは河内駒ヶ谷の金剛輪寺の覚峰上人が石室の平面図と実見記を残している。玄室長二・五間（四・五メートル）、幅一・五間（二・七メートル）の切石の横穴式石室で、来目皇子墓にあてる説が強い。

来目皇子墓を通りすぎたところの道際に説明板が立っている。この説明板によると、この付近まで墳丘の前庭部が整備されていて、広大な墓域をもっていたことがわかる。

ヒチンジョ池西古墳のあったところを遠望しながら先に進むことにする。羽曳野病院、大阪看護大学の建物を見ながら南に進むと、バス道は二股になる。西側にカーブしながら下っていくと、四天王寺羽曳野中・高校のアカデミックな校舎群が見えてくる。四天王寺国際仏教大学前のバス停横の守衛室で許可を得て駐車場に入っていくと、第二駐車場の南側が帯状に公園として残され、公園内に覆屋を設けて徳楽山《とくらくやま》古墳の横口式石槨が保存されている。

⑨徳楽山古墳の横口式石槨〔羽曳野市羽曳ヶ丘六丁目・八丁目〕

徳楽山古墳の石槨も凝灰岩の巨石を刳り抜いたものであるが、身の部分は前後二石、屋根形状のカーブをもつ蓋石は一枚石でできている。閉塞石は一石であったとみられるが、今は失われている。この古墳はこの地点から東南一・二キロの地点にあったが、もとの場所は住宅地化して目印になるものはなにもない。徳楽山古墳の石槨の北側には、黒山廃寺の塔心礎が移築されている。

羽曳が丘や学園前住宅地を通り抜けると、羽曳野丘陵の西斜面にかかることになる。溜池を見ながらさらに西に進むと、東除川に行き当たる。ここでは小平尾橋を渡っておきたい。谷間から一挙に丘陵上にあがると、そこは丹比廃寺である。

⑩丹比廃寺〔堺市美原区多治井〕

丹比《たんぴ》廃寺は道路によって塔基壇が断ち割られた形をとるが、心礎を含めて礎石を残すのは南側の遺構である。長辺二・一メートルの檜隈寺《ひのくまでら》式塔心礎が残り、出土瓦から七世紀後半の造営、八世紀前半に栄えたとみられる。多治比公の氏寺から始まり、「大寺・オオデラ」の名称が付く丹比郡の郡寺に発展したのではとみられている。

⑪丹比神社と黒山廃寺〔堺市美原区多治井・黒山〕

多治井集落の中の道を西に進むと丹比《たんぴ》神社の参道とつながっている。丹比神社は『延喜式』神名帳にみえる丹比神社に比定されている。祭神は火明命《ほのあかりのみこと》、配神として瑞歯別命《みずはわけのみこと》、大山祇命《おおやまづみのみこと》などを祀る。『新撰姓氏録』では「丹比連　火明命之後也」とみえ、丹比連の氏神を祀ったものとみられる。

丹比神社の西側、聖福寺の境内に接して基壇上の高まりがあり、ここが黒山廃寺跡とされている。寺域は確定していないが、五カ所の試掘調査によって石敷きの溝状遺構、焼土層が検出され、小金銅仏の右手先、瓦塔・塼《せん》・鴟尾《しび》・土器類が出土している。出土軒瓦から七世紀後半の造営、八世紀には平城宮出土軒丸瓦と同じものが使われていて、中央との強い結びつきがあったことが指摘されている。丹比連を造営氏族にあてる意見がある。

三、まとめにかえて

今日の見学地の最後を飾るのは黒姫山《くろひめやま》古墳である。丘陵を下がった平地の中に全長一一四メートルの巨体を西向きに横たえており、二段築成の墳丘は葺石と埴輪列をもち、よく

6　**黒姫山古墳**（写真提供：大阪府立近つ飛鳥博物館 1977年撮影）

保存されている。

昭和二一年（一九四六）に前方部の竪穴式石室が調査され、石室内から二四領の甲冑をはじめ大量の鉄製武器、武具が出土した。後円部の埋葬施設については石棺があったとの意見はあるが、実態は不明である。「黒姫山古墳歴史の広場」には、ガイダンス施設と実物大の前方部の竪穴式石室と埴輪列の関係を示す模型が設置されている。

黒姫山古墳から徒歩五分のところに「M・Cみはら堺市立みはら歴史博物館」がある。常設展示室は、①河内鋳物師、②黒姫山古墳、③農具・民具を中心とした美原のくらしの三つのコーナーに分かれている。河内鋳物師は鋳造の世界であるが、金属加工では共通する点が多く、古墳時代の武器・武具作りの技術が鋳造の世界に発展した過程を読み取ることができる。

黒姫山古墳からは、中高野街道に沿って、古社、寺院を探訪しながら近鉄河内松原駅まで帰る方法もあるが、帰りは「M・Cみはら堺市立みはら歴史博物館」からバスに乗って帰ることにした。

4　河内から摂津へ　中高野街道

一、はじめに

私たちのごく身近なところに知らない世界がある。その一つが「中高野街道《なかこうや》」で、東高野街道や西高野街道は有名だが、中高野街道も存在し、道標や一里塚のあったことがわかっている。この中高野街道に沿って、名所・旧跡や古代の遺跡が点在している。

二、中高野街道の概略

中高野街道が公式に認められたのは、明治時代の大阪府の道路制によるもので、一等補助里道に属し、南河内郡三都村大字茱萸木《くみのき》（現・大阪狭山市）の仮定県道西口を起点として、狭山村、松原村、東成郡平野郷町を経て、終点は鶴橋村となっている。

江戸時代の中高野街道は正保年間（一六四四〜四八）の「河内国絵図」や寛文一二年（一六七二）の「河内国大絵図」などに「高野海道」「高野道」とあるように、東高野街道、西高野街道と同じように、高野街道と呼ばれていたことが知られる。「河内国大絵図」に「高野海道　河内国境より摂津国平野一里山まで十七町八間」とあり、その起点は平野一里山であった。また四天王寺を起点として、亀瀬越え大和街道（奈良街道）から平野一里山（天王寺〜平野一里山三五町二六間）で分岐して、南に向かうルートを通ると住吉、堺を

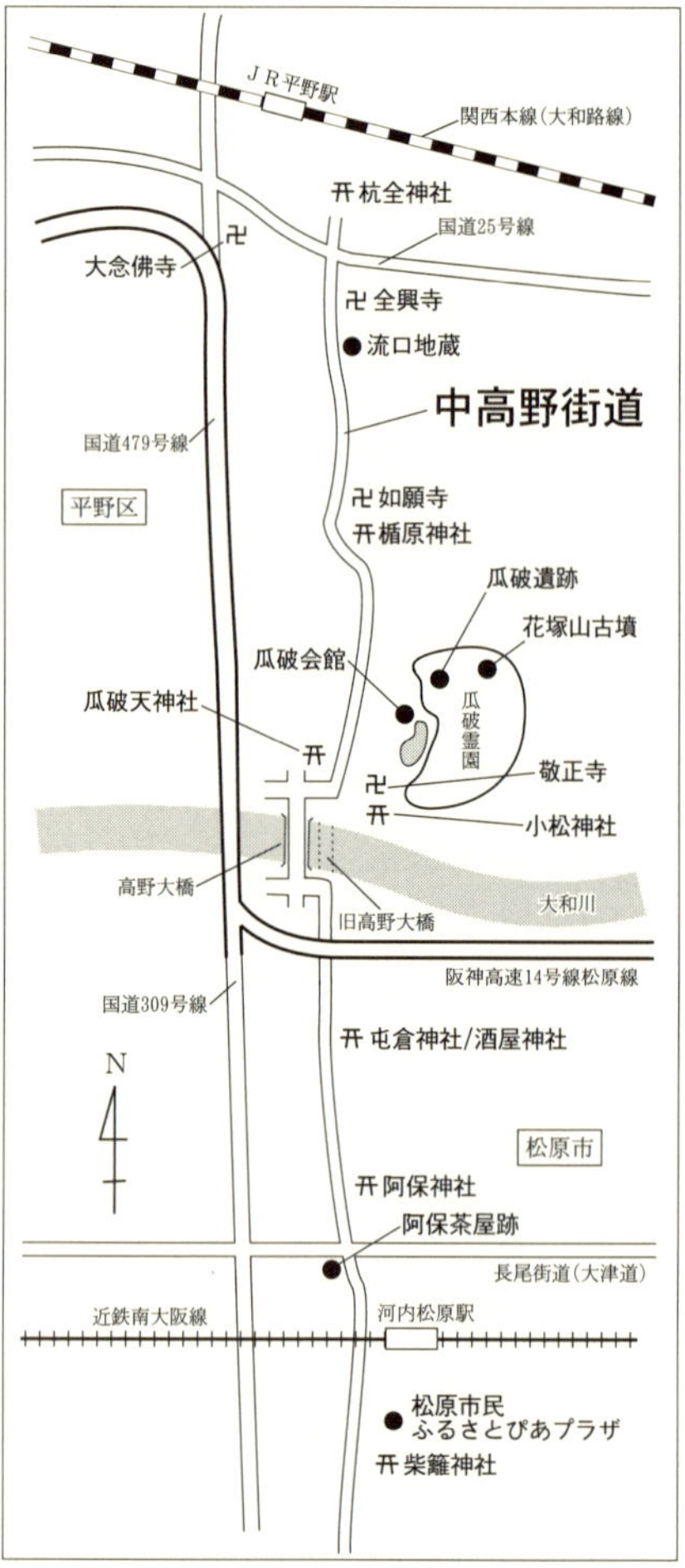

中高野街道 平野から松原まで

通らず、また平坦であり、距離と時間を短縮できるので重宝された。

三、中高野街道を歩く

平野一里山から南進し、まず大和川に架かる高野大橋を渡ってからの最初の大きな交差点は、松原市域の阿保茶屋《あおんちゃや》跡である。ここは長尾街道との交点で、大変賑わったところである。

次は松原五丁目のところ。ここで竹内街道と交差する。寛政九年（一七九七）の道標と説明板がある。

堺市美原区に入り、舟渡池の東北隅のところで富田林《とんだばやし》街道と交差する。

次に大阪狭山市に入ると、菅生《すごう》神社の馬場先で、北野田から来て平尾へ抜ける道と交差する。馬場先の交差点には菅生神社の鳥居と、慶応二年（一八六六）の道標を残している。交差する道は、江戸時代の絵図に和泉《いずみ》道とある。

北野田の西は福町で、ここで西高野街道と交差する。福町、北野田間には伊勢道という道標もあり、和泉、堺方面から伊勢参宮道として広く利用されていた。

大阪狭山市域の狭山新町で、西高野街道の福町から来た道、および下高野街道と呼ばれる道と合流する。東に折れ、南に曲がって進むと、富田林市廿山《つづやま》に行く道と分岐する。ここに道標がある。中高野街道は河内長野市楠町東（四樟《よつ》）のところで西高野街道と合流して終点となる。

天保年間の河内国絵図には、中高野街道に三カ所の一里塚を記入する。一は松原市三宅、二は堺市美原区の下黒山、三は大阪狭山市の池尻である。

四、中高野街道沿いの名所・旧跡

①平野環濠・自由都市〔大阪市平野区平野宮町〕

平野自由都市の中心になっているのは杭全《くまた》神社である。杭全神社は坂上《さかのうえの》広野《ひろ》麿《まろ》の子、当道が創立したと伝えられ、第二、第三殿には永正一〇年（一五一三）造営の記録が見られる。本殿三殿は国の重要文化財。境内の樟は大阪府の天然記念物である。

平野一里塚は杭全神社前にあったことが知られている。国道二五号線を渡った平野上町二丁目に道標があり「こうや」の文字が読み取れる。そのまま少し南へ歩くと、平野で一番賑わっているアーケードのついた商店街がある。この南東角に道標があったが、現在は南横にある全興寺境内の本堂前に移され、「右 さ山 高野山 すく信貴山道」とある。平野南口の地蔵堂の前を通り、南港通を渡って南へ八〇〇メートル進むと、楯原《たてはら》神社と如願寺《によがんじ》の杜が見えてくる。

1　**道標**（平野上町2丁目所在）

2　**道標**（全興寺境内所在）

②楯原神社・如願寺〔大阪市平野区喜連六丁目〕

楯原神社　歴史は古く、崇神天皇の頃に初めて祀られたと伝える『延喜式』神名帳にある古社。祭神は武甕槌《たけみかづちの》大神《おおかみ》と大国主《おおくにぬしの》命《みこと》である。神武天皇が国内平定の時、十《と》握《つか》の剣《つるぎ》を祀ったと社伝にある。現在の喜連西一丁目に小字名「楯原」があり、最初の社殿がその地にあったが、兵火にあったので現在の地に移ったという。

3　花塚山古墳の全景

如願寺　崇峻《すしゅん》天皇元年（五八八）、聖徳太子の創建によって「喜連寺」と称し、阿弥陀堂、弥勒堂などの諸堂をもつ大伽藍であったが衰退した。その後、弘法大師の再建によって「如願寺」と改めたという。本尊聖観音立像は平安時代の作で大阪府有形文化財に指定されている。また摂津国三十三所観音霊場の第三十二番札所でもある。

楯原神社の参道を南進する。道はやや東にカーブし府道一七九号線（地下鉄谷町線が通っている）を渡ると喜連の地域とお別れである。他に八坂神社（喜連東）、成本天神社《なしもとてん》（瓜破東《うりわり》）、成本廃寺（瓜破東）などの旧跡がある。

③瓜破霊園・瓜破遺跡群〔大阪市平野区瓜破東〕

広大な瓜破霊園の敷地内には次のような遺跡がある。

瓜破遺跡　瓜破地域の標高七〜八メートルにある複合

遺跡。昭和二七年（一九五二）以来の調査で、約一キロ四方の広大な複合遺跡であることが判明した。縄文・弥生時代〜古墳時代の土器類と大量の石器類や蛸壺、中国の「貨泉」が出土。上町《うえまち》台地上の代表的農村である。瓜破遺跡の出土品は、瓜破会館で展示されている。

瓜破廃寺　白鳳期の軒丸瓦などが出土。伽藍配置は不明。

ゴマ堂古墳　円墳。径三〇〜四五メートル、中期後半か。

花塚山古墳　円墳。径二五メートル、高さ二・五メートル、周溝などが現存する。中期後半か。

瓜破霊園の西側一画には瓜破天神社《うりわりてん》、敬正寺《きょうしょうじ》、小松神社が存在する。瓜破天神社などは瓜破の地名起源を伝える古跡である。

④瓜破天神社〔大阪市平野区瓜破〕

元文元年（一七三六）編の『船戸録《ふなとろく》』によると、孝徳天皇の大化年間（六四五〜六五〇）、僧の道昭（照）が三密の教法観念の折、庵室に光る天神の尊像を見て、瓜を割って供えた。この霊像を祭神としたので瓜破天神社と呼ぶようになった。別に「西ノ宮」あるいは「方八丁の宮」とも言った。その他にも弘法大師が瓜を献じたとの説がある。振張村、六月朔

4　敬正寺の外観

5　敬正寺の石仏 阿弥陀如来(左)と大日如来(右)

日村が後に瓜破村になったとの説もある。

⑤敬正寺〔大阪市平野区瓜破東〕

敬正寺は大化年間、道昭により創建された永楽寺の遺跡といわれ、永楽寺の本尊五智如来（五輪仏）のうち二体の石仏を安置している。右が大日如来、左は阿弥陀如来で、豊かな肉付きから平安時代後期から鎌倉時代の作と推定されており、大阪府の有形文化財に指定されている。

⑥小松神社〔大阪市平野区瓜破東〕

『船戸録』によると、源氏の一族である湯浅七郎兵衛宗光《むねみつ》が、安元（一一七五～七七）の戦いで平重盛に危ういところを助けられた。そのことに恩を感じた宗光が紀州熊野で入水した重盛の子、維盛《これもり》の霊をなぐさめるため祀ったのを起源とする。以前は、天神社に合祀されていたが、南之町の有志により昭和二二年（一九四七）、再び分祠されてこの地に祀られた。

中高野街道から少し東にはみ出したので、再び元の道に戻ることにしよう。自動車の往来の激しい堤防道に立つと、松原市の三宅地区がすぐそこに見えている。幅二〇〇メートルの大和川を渡るには、西側に迂回して高野大橋を渡らなければならない。

6　旧高野大橋の遺構
（現在の高野大橋横に掲示された説明写真より）

⑦高野大橋　〔大阪市平野区瓜破南二丁目〕

現在の大和川は、大和川と石川が柏原市船橋町で合流して羽曳野丘陵の北端を横断し、さらに上町台地を断ち切って大阪湾の堺浦に注いでいる。新大和川が付け替えられたのは宝永元年（一七〇四）のことである。

旧高野大橋は中高野街道を南北につなぐ形で大和川に架けられていたもので、現在は西方二〇〇メートルの旧国道三〇九号線（現・府道一七九号線）に架かる橋に名称が残されている。旧高野大橋の遺構は、大和川の水が引いた時に、点々と橋脚跡が露出し、その遺構の写真が説明板と共に掲示されている。

中高野街道に戻ったところは瓜破南二丁目、しかし三〇〇メートルも歩けば松原市三宅中八丁目に変わる。これで摂津国から河内国に入ったことになる。「松原市文化財分布図二〇〇七」をみると、かつては中高野街道を挟んで東側に三屯古墳、西側に権現山古墳が存在したことが記載されている。ここで東高野街道の八尾市郡川の東車塚古墳、西車塚古墳を連想した。東側に屯倉《みやけ》神社の杜が見えてくる。

⑧三宅の地〔松原市三宅中四丁目、他〕

「三宅」は奈良〜平安期にみえる郷名で『和名抄』河内国丹比《たじひ》郡一一郷の一つ。『日本書紀』仁徳天皇四三年（三五五）条に「依網屯倉《よさみのみやけ》の阿弭古《あびこ》」が怪しい鳥を捕らえ、皇極天皇元年（六四二）条には、河内国の「依網屯倉」で百済大使の翹岐《ぎょうき》等に射猟を見せたという。天平勝宝二年（七五〇）三月二三日付勘籍には「河内国丹北郡三宅郷戸主大初位下上道波提麻呂戸口」とある。

『延喜式』神名帳に、三宅郷に「酒屋神社」があったと記される。

また『天文日記』では天文一五年（一五四六）、管領細川晴元《はるもと》と対立した三好長慶《みよしながよし》が、細川氏綱《うじつな》を擁立して河内・摂津で戦い、細川四郎（氏綱の弟）「河内三宅に居陣する」と

7　屯倉神社の境内

ある。宝暦一〇年（一七六〇）の『三宅村明細帳』に「当村惣構之堀跡」とあるのは、この戦いの時の細川四郎の本陣跡であろう。宝永三年（一七〇六）の大火後、村の中央を通る中高野街道の道幅は、村外では九尺であったのを村内では二間としたとある。この村の中には三宅一里塚が設けられ、平野杭全神社前の一里塚からここまで一里（三六町で三・九二七三キロ）であった。

⑨屯倉神社〔松原市三宅中四丁目〕

松原市三宅東字宮内にあり、河内国丹比郡依羅《よさみ》三宅天満宮ともいう。別に「穂《ほ》日《ひ》乃社《のやしろ》」ともいった。現在は菅原道真公、須佐之男《すさのおの》命《みこと》、品陀別命《ほんだわけのみこと》を祭神とする。

天慶五年（九四二）に道真公を祀り、道真

公自作の木像（等身大）を安置し、その胎内には元和八年（一六二二）銘の丹生講式《にゅうこうしき》を納めている。旧社殿は寛政四年（一七九二）建立。

境内の酒屋神社は延長五年（九二七）創建と伝える延喜式内社で祭神は中臣酒屋連《なかとみのさかやのむらじ》の祖神、津速魂命《つはやむすひのみこと》である。境内に神形石と宝永三年（一七〇六）銘の石地蔵がある。

屯倉神社から阿《あ》保《お》神社までの約八〇〇メートル間は、古い街道の雰囲気がよく残されている。ここで少し東に入り、阿保神社、海泉池《かいずみいけ》を見て、中高野街道と長尾街道（大津道）との交点にあった阿《あ》保茶屋《おんちゃや》跡を見る。今でもこの地は交通の要衝である。

⑩阿保の地〔松原市阿保五丁目・他〕

大和川中流左岸に位置する町。平安時代初期に、平城天皇皇子の阿《あ》保《ぼ》親王《しんのう》が親王池の築造を行って、この地を開発したという故事に由来している。天平一九年（七四七）、この地を出身とする「河内国人阿保連人麻呂」が、大仏造営のため銭千貫を寄進したとある。河内の中心、穀倉地帯の豊かさを示す資料である。

阿保茶屋跡　阿保村の南を街道が東西に通じ（長尾街道）、西を中高野街道が南北に通り、その交点に阿保茶屋があり、大変繁昌していた。

海泉池　かすみ池ともいい、大阪狭山市の狭山池中樋筋の水を受けて、洪積台地の浅く長い谷に、堺市美原区阿陽戸池・今池、松原市の小治ヶ池・樋野ヶ池・寺池・稚児ヶ池と、帯状に不規則な形の池が連なり、末端が海泉池になる。この池は、江戸時代には阿保村と三宅村の立合池《たちあいいけ》で、水利権は灌漑面積の多い三宅村にあった。

⑪阿保神社〔松原市阿保五丁目〕

本殿に菅原道真、本殿右には阿保親王、厳島姫命《いつくしまひめのみこと》（弁財天）を祀る。社殿は一間社流造、縁側にも一間の浜縁が付く。古風な木鼻《きばな》と渦文が二つ、庇木鼻には古い龍の彫り物が注目

8　阿保追分地蔵と道標（左下）

9　海泉池近くの地蔵堂

10　柴籬神社の社殿

される。建物は江戸時代中期の様式をもつ。

菅原道真については、大宰府に下向する時、阿保の地に立ち寄ったとの伝説があるが、菅原氏は土師《はじし》氏に由来するので、あるいは土師氏の領地も付近にあったのだろうか。

阿保茶屋跡から二〇〇メートルも進めば、近鉄南大阪線の河内松原駅に達する。中高野街道は、踏切を越えて西側の一方通行の道がそれである。私は駅前の雑踏から逃れるように東に行き、新道を南に進んだ。

⑫柴籬神社〔松原市上田七丁目〕

柴籬《しばがき》神社は近鉄河内松原駅の南方五〇〇メートル、丹比野台地の北辺に立地する古社。反正《はんぜい》天皇の丹比《たじひ》柴籬宮《しばがきのみや》伝承地に鎮座し、堺市美原区の丹比神社とともに、反正天皇のゆかりの地である。両神社をみていると、反正天皇の頃、丹比野の開発が行われたことを暗示しているようである。祭神として反正天皇（瑞歯別命）、菅原道真公、依羅《よさみ》宿祢

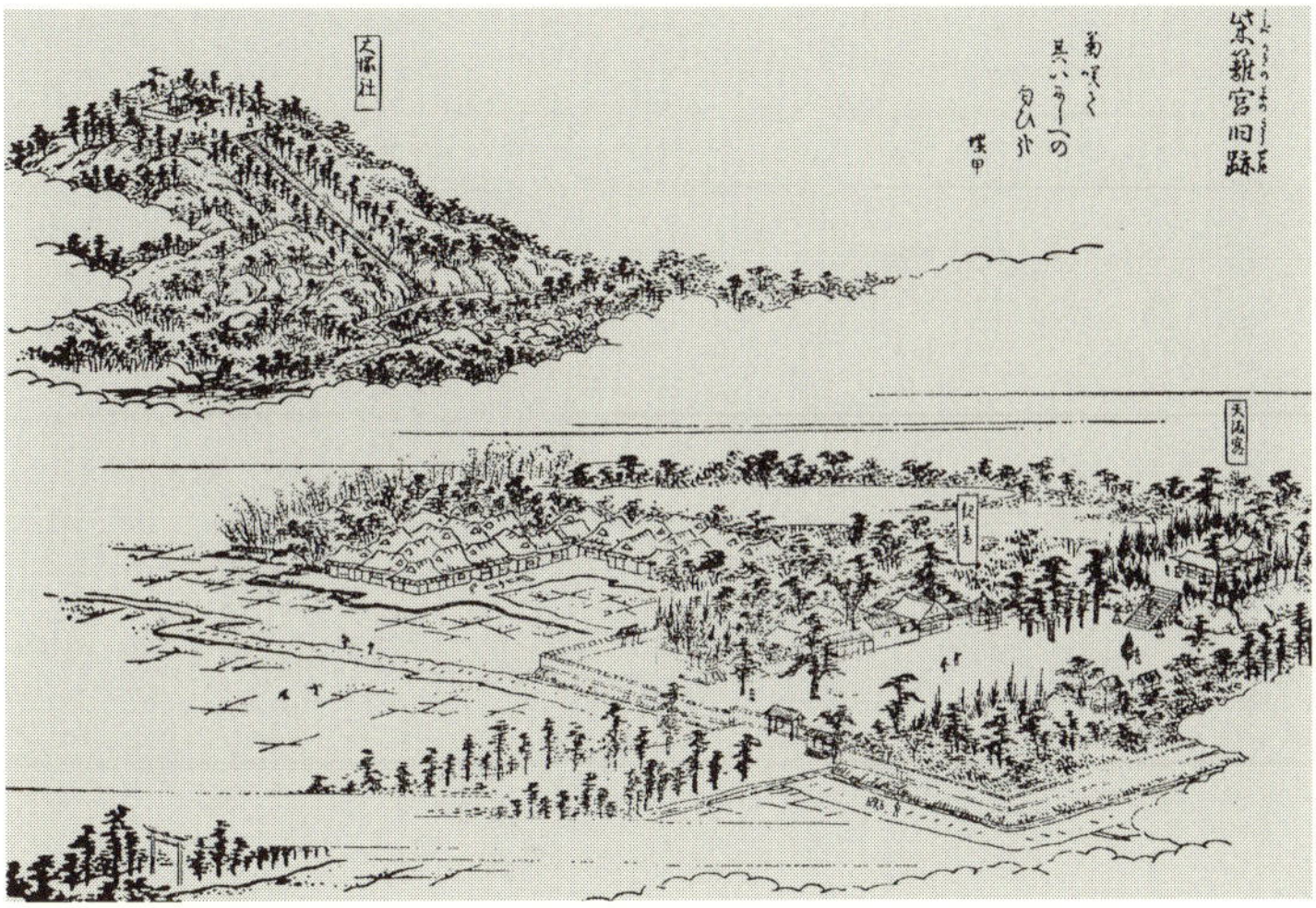

11　柴籬宮旧跡（『河内名所図会』巻四より）

などを祀る。境内の東側に神宮寺広場山観念寺が存在したが、明治五年（一八七二）の神仏分離によって廃寺となり、梵鐘は松原市上田の願正寺に、本尊十一面観音は上田の観音堂に安置されている。

第2章

行基の足跡を訪ねて

行基関連遺跡推定地の分布

1　行基と和泉

一、はじめに

行基は奈良時代の前期に活躍した僧である。生まれは天智天皇七年（六六八）で、四年後には古代最大の争乱である「壬申《じんしん》の乱」が起こっている。父は高志才智《こしのさいち》、母は蜂田古爾比売《はちだのこにひめ》。河内国大鳥郡蜂田郷（現・大阪府堺市）で生まれた。蜂田郷は母親の里であるが、『行基年譜』には行基生家を改め家原寺《えばらでら》となすとある。父の高志才智の住まいを高石神社《たかいし》付近とすると、家原寺との距離は約三キロ、母の生家を八田寺町の華林寺付近とすると、家原寺とは谷を挟んで約一キロで、父母の生家と行基の誕生地とはごく近い距離にある。

天武天皇一一年（六八二）、行基は同郷の道昭を師とあおぎ、出家した。それは行基一五歳の時である。出家してすぐに『瑜伽師地論《ゆがしじろん》』、『成唯識論《じょうゆいしきろん》』を理解したとある。渡来系の人々の高い教養と中国系王仁《わに》の後裔西文《かわちのふみうじ》氏の分派とする、勉学にいそしめる環境に恵まれていたのであろう。

行基三〇歳の時、師の道昭が亡くなった。この頃から世の中は天災が続き、騒然としてくる。行基は立ち上がった。国の救済事業では民衆は救えない。そこで布教と救済の事業を展開した。「道俗の化を慕ひて追従するものは、ややもすれば千をもって数う。……弟子等を率いてもろもろの要害の処に橋を造り、陂《つつみ》を築く。……時の人は号して行基菩薩という」。ところが国家は霊亀三年（七一七）、「小僧行基」と名指しして、行基の行動を禁止した。土地を離れ放浪するものや、寺院や貴族の荘園でひそかに使役されるものも増え、それらを行基が煽動しているとみたからである。

しかし行基は救済のための事業を推し進めた。『行基年譜』には河内、和泉、摂津、山背で築造、修理した池一五、溝六、濠四、樋《ひ》三、道一、橋六、船息二、布施屋九で、その所在と規模が明記されている。また『続日本紀』には「留止する処には皆道場を建て、畿内には凡そ四十九処あり。諸道にもあり。弟子相継でみな遺法を守り、今に至るまで住持する」とある。

行基の四十九院は、社会事業として行った橋・池・溝・樋・堀・船息・布施屋などと関連して建てられた寺が多く、それが寺院名などに現われている。

1　久米田寺 行基塚

二、和泉における行基四十九院の探訪

①久米田池と久米田寺（隆池院）〔岸和田市池尻町、他〕

久米田池は行基が和泉地方に築造した八カ所の溜池の一つで、周囲約四キロ、池の東西には低丘陵が北方に張り出し、この二つの丘陵を長い堤防で繋いでいる。北東隅に牛滝川《うしたきがわ》から引き込んだ水の取水口、北西隅の池尻に通水の樋が設けられている。

久米田寺の古縁起によると、久米田池は神亀二年（七二五）に着工、天平一〇年（七三八）秋に完成したとある。『行基年譜』では天平一三年（七四一）のところに池一五カ所の一つとして「久米多池在泉南郡丹比《たじひ》部《べ》里」と記され、溝七カ所の中に、「久米多池溝　長二千丈広五尺　在同国」とある。池のほとりには行基四十九院の一つ隆池院が建てられたと『隆池院縁起』にみられる。現在、久米田池の北堤に接して存在する龍臥山久米田寺はその法灯を守っているとされている。

2　高石神社の境内

伽藍は山門、金堂、開山堂、観音堂、聖天堂、鐘楼、塔頭子院などを有している。境内は大阪府指定史跡で北東隅には行基塚、光明皇后塚、御堂と呼ばれる三基の五輪供養塔が建つ。

また北側の市道を隔てて、北西向きの全長一三五メートルの橘諸兄《たちばなのもろえ》墓の伝承をもつ貝吹山古墳が存在する。

②高石神社〔高石市高師浜〕

『延喜式』神名帳大鳥郡の「高石神社」に比定され、「和泉国神名帳」には従五位に位置づけられている。創建や沿革は不明であるが、『和泉名所図会』には「高志の祖王仁を祭る」とある。行基の父は応神朝に論語や千字文を伝えた百済からの渡来人で、高志氏はその後裔書首《ふみのおびと》の分派である。高志と高師は「タカシ」と読めることから、現在の高石の地名

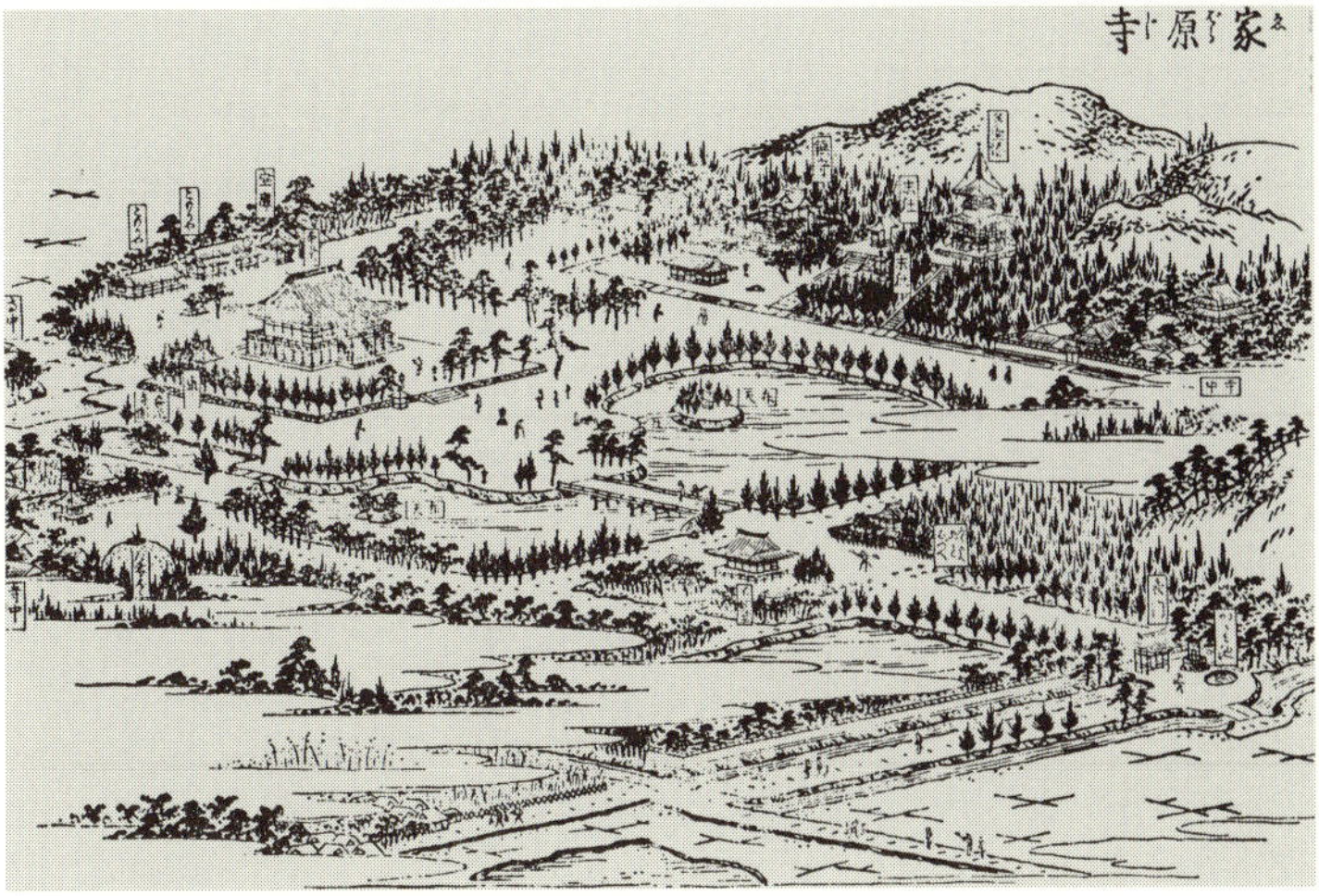

3　家原寺（『和泉名所図会』巻二より）

になったといわれている。現在は少彦名神《すくなびこなのかみ》、大己《おおなむ》貴命《ちのみこと》、事代主命《ことしろぬしのみこと》の三神を祀っている。境内周辺では寺院に関係する遺物は出土していない。行基四十九院の中に大鳥郡葦田里清浄土院《せいじょうどいん》や同郡早（草）部郷高石《たかいし》村清浄土尼院の名前がみられるが、その所在は不明である。しかし、清浄土尼院は高石市取石所在の大園遺跡《おおぞのいせき》にあてようとする説がある。大園遺跡から火焔光背を持つ小型連座塼《せん》仏や、平安時代に遡る複弁八葉蓮華文軒丸瓦と均整唐草文軒平瓦が出土している。

③家原寺〔堺市西区家原寺町〕

行基四十九院の第一に挙げられる寺院で、『行基年譜』によると、慶雲元年（七〇四）、行基三九歳の記述に「此歳　掃清於本生家　為仏閣。郡家原寺是。」とあり、「堂一宇（一間四面）塔一宇（三重）」

とみられる。

境内は南大門の北に放生池があり、その北に中門と金堂が南北に並び、金堂の西南に三重塔が存在したようである。金堂跡は本堂に、塔跡は行基誕生塚の名称で、その遺構を残している。境内から奈良時代後半の軒瓦が出土している。昭和期に再建された三重塔が本堂の北東丘陵上に建つ。

④大鳥大社・神鳳寺跡〔堺市西区鳳北町〕

「千種《ちぐさ》の森」といわれる広大な社叢の中に鎮まっている和泉国の一宮である。『大鳥五社大明神并神鳳寺縁起帳』によると、景行天皇四〇年、日本武尊《やまとたける》が東国平定の帰路、伊勢国能褒野《のぼの》で没した。武尊は同地に葬られたが、白鳥に変身して大和国琴弾原《ことひきのはら》に飛び去った。再びそこに陵を造ったが、白鳥はさらに飛び立ち、次にとどまったのがこの社地であるという。白鳥伝承と鳳とが一体となった話である。本来はこの地を本貫とした大鳥氏の祖神を祀ったところと考えられる。『新撰姓氏録』では、大鳥連《おおとりのむらじ》は「大中臣朝臣同祖　天児屋根命之後也」とある。

境内西側の大鳥居から東に進むと絵馬殿があり、その北方に南向きの社殿がある。本殿は大鳥造と呼ばれ、切妻造、妻入の構造で、出雲大社に次ぐ古様式をもつといわれている。

また、和銅元年（七〇八）、行基四一歳の時、神鳳寺《じんぽうじ》を建立したと『行基年譜』にある。『大鳥大神宮並神鳳寺縁起帳』に大鳥連首麻呂《おびとまろ》と津守宿禰伊良豆女古《つもりのすくねいらずめこ》の夫婦がいて、住まいを仏堂にした。神は喜ばなかったが、夫婦は信仰を守り通したので、神はそれを許すことにしたという。そこで行基はその地を神鳳寺と名付けた。ここに神と仏の一体化の新しい姿がみられる。

⑤華林寺〔堺市中区八田寺町〕

行基の母、蜂田古爾比売の里にある。そこには行基創建と伝える蜂田寺が存在した。その位置については明確でないが、蜂田（寺）が八田《はった》寺《でら》に転化したと考えられるので、八田寺あるいは八田荘がその場所であるという。八田寺町《はんだいじちょう》には蜂田神社や蜂田寺の後身と伝えられる華林寺《けいりんじ》がある。『行基菩薩行状絵伝』には、行基一三歳の時の建立とあり、蜂田薬澄麻呂が檀越となって建立、多くの庶民の信仰を集めたという。付近には「大門」などの小字名が残り古瓦が出土することがあるが、系統的に検討されたことがない。

八田寺町から南五〇〇メートルの地点で、丘陵の西斜面を利用した寺院跡が確認されている。鈴之宮廃寺、また鈴ノ宮遺跡と呼ばれていて、建物跡と平安時代から室町時代にかけての瓦類が出土している。

⑥大野寺と土塔〔堺市中区土塔町〕

土塔山大野寺は真言宗の寺院で、この寺の西側に土塔が残っている。行基六〇歳の神亀四年（七二七）建立とされ、現在、江戸時代中期の元文二年（一七三七）に再建された本堂が建つ。

土塔は方錐形の土の塔で『行基菩薩行状絵伝』に「十三重土塔」とある。平成五年（一九九三）度から行われた大野寺の範囲確認調査と土塔の整備に伴う発掘調査により、種々のことが判明した。

○一辺五三・一メートル（天平尺の一八〇尺）で瓦積基壇をもつこと。

○盛土の築成方法は羽曳野市蔵塚古墳で判明している、端部に粘土塊列を並べている方法と同じであること。つまり古墳築造技術が生かされている。

○頂上部には円形あるいは八角形の構造物が存在したこと。中心部の地下四・五メートルの地点で白色凝灰岩片が検出され、心礎及び石櫃の存在が推定されている。

○出土文字瓦から寄進者の人名と居住地域が明らかになった。特に土塔築造に関わった一族の中でも土師氏が中心であったことがわかっている。神亀四年銘瓦と神亀五年（七二八）銘瓦は土塔の建立年代を決定させる資料である。

この特異な土塔は奈良市高畑町の頭塔《ずとう》や、岡山県赤磐《あかいわ》市の熊山遺跡など、数少ない木造以外の塔として、インドネシアのボロブドゥールやカンボジアのアンコール・ワットなどと比肩できるもので、インドから南廻りのルートで伝わった仏塔遺構ではないかと考えている（本書第四章参照）。

⑦狭山池と狭山池院・同尼院〔大阪狭山市池尻町、他〕

狭山池《さやまいけ》は大阪狭山市の中央北寄りに位置し、東の狭山丘陵と西側の羽曳野丘陵の間に大堤防を築いて、北流する西除川《にしよけがわ》と三津屋川《みつやがわ》の水を引き入れた溜池である。周囲四キロ、満水時の面積三八・九ヘクタールである。『日本書紀』では崇神天皇六二年、『古事記』では垂仁天皇の皇子、印色入日子命《いにしきいりひこのみこと》が築造したとなっている。行基は天平三年（七三一）狭山池の修造を行ったとみられる。狭山池はその後、鎌倉時代には重源《ちょうげん》（一一二一～一二〇六）が、そして近世では片桐且元《かたぎりかつもと》（一五五六～一六一五）が奉行となって修理を行った。大正一四年（一九二五）にも大修理が行われ、家形石棺を転用した石樋などが発見された。末永雅雄先生は、工事に並行して狭山池の構造調査を行い「池は考古学の対象物」として〝池の考古学〟を提唱された。

昭和三七年から三九年（一九六二～六四）に昭和の改修が、また引き続いて昭和六三年から平成一四年（一九八八〜二〇〇二）に平成の大改修が行われ、その際の徹底的な考古学的調査により、大きな成果が得られた。

狭山池院・同尼院は『行基年譜』によると天平三年に建立したことになっている。この年は行基がもっとも多くの寺院を建立した年で、河内、摂津、山城、大和にまたがって合計八カ寺を建立している。狭山池院の所在地は明らかでないが、狭山池の北方八キロにある東野廃寺や、同西方にある狭山神社付近が候補にあがっている。また、狭山池の大堤防の北三〇〇メートルの地点で検出された池尻城跡もその有力候補の一つである。中世の城郭遺構の下から奈良時代の須恵器などが出土し、住居やその他の施設の存在を予測させた。『行基菩薩行状絵伝』によると、狭山池院は濡れ縁のある三間四面の入母屋造《いりもやづくり》の建物に描かれ、波立つ池の面をめぐって松の老樹が並び、お堂は池水に臨んでいる。絵伝がどの程度事実を伝えているかは明らかでないが、池の管理施設を兼ねたものであれば、絵伝に描かれているように狭山池に近接した地点に求めたい。

⑧大阪府立狭山池博物館〔大阪狭山市池尻中〕

大改修で判明した資料を公開する博物館で、平成一三年（二〇〇一）の開館。狭山池一四〇〇年の歴史を示す堤の土層断面、水を取り出す樋、堤の滑りを防ぐ木製枠工など、狭

4　狭山池博物館に展示されている狭山池堤の土層断面

山池の歴史を全て語り尽くす展示になっている。

また、狭山池の調査成果をもとに、世界の土木遺産「池とダムの歴史センター」の役割も果たしている。

2　行基と河内

一、はじめに

行基菩薩は奈良時代に活躍した僧である。その出自と活動の状況については前節「行基と和泉」で素描したが、もう一度、行基について略述しておこう。

『広辞苑』から引用すると行基は「奈良時代の僧。河内の人。道昭に師事。畿内を中心に諸国を巡り、民衆教化や造寺、池堤設置・橋梁架設等の社会事業を行い、行基菩薩と称された。初め僧尼令違反で禁圧されたが、大仏造営の勧進に起用され、大僧正位を授けられる。（六六八〜七四九）[1]」とされている。

二、河内での活動

行基の活動の拠点になったものを『行基年譜』では「行基四十九院」としているが、河内国関係では六カ所で、僧院四カ所、尼院二カ所である。以下に列記すると、

8　石凝院《いしこり》　養老四年（七二〇）
12　久修園院《くしゆうおんいん》　神亀二年（七二五）
23　狭山池院　天平三年（七三一）
24　狭山尼院　天平三年
30　救（枚）方院　天平五年（七三三）
31　薦田《こもだ》尼院　天平五年

となる（数字は年譜にある四十九院の建立順次を表わす）。いずれも「院」と記されたもので「寺」は含まれていない。河内国の行基四十九院を考古学的に検討するには、次の場所が参考になる。

①石凝院推定地〔東大阪市日下町〕

日下墓地の周辺で発見された寺院跡が石凝院の遺構と推定されている。ここは日下墓地の南方一帯で、建物遺構の基壇と推定されるものが確認され、屋根瓦類も多数出土している。出土瓦は軒丸瓦が東大阪市若江の若江廃寺と同笵、軒平瓦は平城宮式のものがある。

一方、石切剱箭《いしきりつるぎや》神社の地にあてようとする説がある。神社の北側に「法通寺」の字名があり、石切剱箭神社の神宮寺で法通寺は「穂積寺」に通じることから穂積寺とみる。さらにそれに関係して、この寺の境内および隣接して石凝院の存在が推定されている。

検出された寺院遺構は、建物跡二棟と回廊の一部が発見されている。このうちの建物(A)は乱石積基壇をもつ南北一一メートル、東西一二・六メートルの規模をもっていた。建物(B)は、建物(A)の北五・四メートルの地点にあり、基礎の基底石の一部が発見されているだけで、全体は不明。また建物(A)の東側で南北に走る石列が検出されており、回廊の残存遺構とみられる。出土瓦は軒丸瓦七種類、軒平瓦四種類がある。軒丸瓦の代表は外縁に鋸歯《きよし》文《もん》と珠文《しゆもん》をもつ複弁八葉蓮華文軒丸瓦（通称藤原宮式）と外縁に唐草文を配した単弁八葉蓮華文軒丸瓦である。後者は和泉地方の禅寂寺《ぜんじやくじ》跡や池田寺跡で出土している。また、奈良市大和田町の追分《おいわけ》廃寺でも出土している。

②久修園院〔枚方市楠葉中之芝二丁目〕

京阪本線橋本駅の南〇・八キロ。眼前に淀川が流れ、川越しに北摂の山々が迫っている場所にある。この地は楠葉《くずは》の里に含まれているので、「楠園院」とし、これに久遠成道《くおんじようどう》の仏説を加味して「久修園院」の寺名になったという。現在は真言律宗、山号は天王山、本

1　久修園院の景観

尊は釈迦如来。

『行基年譜』神亀二年の条に「久修園院山崎　九月起　在河内国交野郡一条内」とあり、天平一一年（七三九）、行基七二歳条に「安居《あんご》久修園院。得度百八十四人」とある。安居の集会が開かれ、得度者のあったことがわかる。最盛期の寺域は、東は男山のうち高尾峰、南は王余魚《かれい》河、北は米尾寺、西は大河（淀川）を限るとあって、広大な寺域をもっていた。七堂伽藍完備の法相宗《ほっそうしゅう》の大寺であったが、大坂夏の陣（一六一五年）で戦火にあって灰燼に帰した。幕末の鳥羽・伏見の戦い（一八六八年）でも戦場になっている。

ところで『続日本紀』宝亀四年（七七三）一一月二〇日の条に、行基建立寺院のうち、水田を施入されていなかったため荒廃の著しい六院の一つに河内国山崎院が挙げられている。後に、田二町が施入された。『行基年譜』には河内国山崎院は見えず、対岸の山背国《やましろのくに》乙訓郡《おとくにぐん》の山崎院が挙げられている。これについては諸説があるが、先に挙げた『行基年譜』神亀二年建立の久修園院に山崎の注が見られること、山背側との間に淀川に架けられた山崎橋との関係などを考えると、久修園院＝山崎院の可能性が高いとされている。

③高瀬院〔守口市馬場町〕

京阪本線土居駅の東南三〇〇メートルの地点に式内社の高瀬神社（天御中主命《あめのみなかぬしのみこと》）がある。この地は淀川と旧大和川が合流するところで、土砂の堆積地になったので「高瀬」と呼ばれていたとある。大帯日子命《おおたらしひこのみこと》（景行天皇）が印南別嬢《いなみのわきいらつめ》に求婚する際、高瀬済に至ったとある。ここに淀川の渡しがあった。『行基年譜』「天平十三年記」に高瀬里・大庭里がみえるが、この高瀬里に行基は高瀬大橋を架け、その麓に高瀬橋院・同尼院（摂津国島下郡）を建立。大庭里には大庭の堀川を開削し、さらに高瀬堤樋、茨田堤樋を造り、高瀬より生駒山地へと続く「直道《ちょくどう》」を設けた。

千田稔氏（現・奈良県立図書情報館館長）は高瀬神社の南側に、淀川を渡る豊橋大橋から南東に延びる道路痕跡を認め、その延長は東大阪市上石切町の辻子谷に至るので、これが直道で、大和や南山城に至る最短道であったと推定している。また豊里大橋を北西に渡った大阪市東淀川区に大道の地名が残っているのも傍証資料に挙げている。

守口市太子橋三丁目の淀川堤に「橋寺廃寺」の説明板が立っている。昭和三四年（一九五九）、淀川の改修工事で寺院跡と集落が確認され、橋寺廃寺と名付けられた。古代から中世にかけての瓦類や土器類が多量に出土していることから、高瀬橋院の可能性が指摘されている。いずれにせよ高瀬神社周辺からも複弁の八葉蓮華文軒丸瓦などが出土しているので、淀川を挟んで高瀬橋院、高瀬尼院が存在していた可能性もある。

また、近くの本光寺中庭に、花崗岩製の橋脚状のもの二本が置かれている。

現在の高瀬神社の地は古代の河内国である。『行基年譜』では高瀬院は「摂津国嶋下郡穂積村」とある。嶋下郡穂積の地は茨木市穂積にあたる。淀川の右岸で大阪市内から見るとかなり上流である。河内・摂津の国境の変更があったのか、または『行基年譜』「天平十三年記」の誤記であろうか。今のところ誤記の可能性が強い。

④その他の河内国行基四十九院

救(枚)方院（河内国茨田郡伊香村）　天平五年（七三三）　六六歳
薦田尼院（河内国茨田郡伊香村）　天平五年
両院とも所在地は不明。現在の枚方市伊加賀あたりに求められている。

2　古代の山崎（推定模型）（写真提供：大山崎町歴史資料館）

⑤山崎院　〔乙訓郡大山崎町字大山崎〕

『行基年譜』「天平十三年記」に、神亀二年、山城国乙訓郡山崎郷に山崎橋が架けられたとある。

現在の京都府乙訓郡大山崎町は、京都府と大阪府の府境の地であり、京都府側に位置する。北に北摂・天王山の山塊を背に、前面に淀川、その東側一帯に男山楠葉の丘陵が迫っている。少し上流に遡ると木津川、宇治川、桂川の合流地点があり、まさに交通の要衝である。ここには山崎国府や駅家《うまや》、山崎津などがあった。また平安時代には離宮八幡宮、河陽《かや》離宮などが営まれた。

山崎橋の位置については、故高橋美久二《みくに》氏（滋賀県立大学名誉教授）の研究がある。平安時代の『文華秀麗集』に、仲雄王《なかおおう》が詠んだ「河陽橋」という詩に、河陽橋の南門から延びた道が山崎橋に達することが詠まれているので、離宮八幡の南側にその位置を推定している。山崎院もその付近であろう。山崎院跡を示す石碑は、ＪＲ東海道線山崎駅の東側踏切を渡って北東一五〇メートルの地点に建っている。

大山崎町歴史資料館には大山崎町周辺で出土した遺物類が系統的に展示されている。また展示室内には国宝の茶室待庵《たいあん》の複製が設置されている。

三、今も生き続ける行基信仰

行基の徳を慕う人々の信仰は、現在の生活の中にも生き続けている。河内や大和には「惣墓《そうはか》」と呼ばれているものがある。同じような条件をもった数カ村の村々が共同で墓地を運営している。ここには「行基大菩薩」と大書された石碑が建てられていて、人々の心の支えになっている。河内の惣墓の代表は「河内七墓」と呼ばれている。その代表的なものを訪ねる。

①長瀬有馬墓地〔東大阪市長瀬町〕

長瀬有馬墓地（現・長瀬霊苑）は近鉄大阪線長瀬駅の西方四〇〇メートルにある。住宅地や工場に囲まれているが、畑地がみられ、田園地帯の風景が残っている。墓地は約二〇〇メートル四方の広大なもので、阿弥陀山香山寺なども存在した。今は管理棟の一画に阿弥陀院が残されている。墓地内の旧跡として挙げられているものに、行基菩薩墓、行基井戸、有馬御廟、阿弥陀院等がある。説明板の「長瀬墓地由来記」によると、「昔から河内の人々には、お盆に七墓詣りと称して、長瀬、岩田、額田《ぬかた》、晒《さらし》、神立《こうだち》、垣内《かいち》、恩智《おんじ》の墓を巡礼した。河内七墓は今から凡そ千二百年前に奈良朝の名僧行基菩薩の開基による。……」とあって、行基の開いた墓地の伝承が残り、今でもお盆に七墓詣りが行われている。

なお、墓地の中央にある有馬御廟は、融通念仏中興の祖、法明上人の御墓である。上人は摂州深江の出身で、融通念仏宗第七世の法灯を継ぎ、宗団の基礎を固めた故に中興の祖と称されている。貞和五年（一三四九）七一歳で入寂。この地で荼毘《だび》に付され、埋葬された。

②晒墓地〔八尾市相生町四丁目〕

3　植松共同墓地 行基菩薩開基碑

晒《さらし》墓地（現・植松共同墓地）はJR関西本線八尾駅の東南東一キロの地点にある。周囲を住宅地に取り囲まれ、墓地への入口もわかりにくい。参道を東に進むと地蔵堂の脇に「行基菩薩開基」の石碑があり、植松共同墓地由来が書かれている。「……当時相つぐ天災に倒れた数多くの人のため河内に七墓を造り厚く葬った。この植松共同墓地もその一つにあたり、今に河内七墓詣りの信仰が伝えられる」とある。行基に対する信仰が今でも生き続いている。

惣墓の研究を行った吉井敏幸氏（元・天理大学教授）は、中世になると各宗派は教団として成立し始め、それらの宗派に属していた聖の組織化、定住化が進み、近世に入ると宗派に属さない勧進遊行聖等は次第に排除・圧迫された。しかし、圧迫を受けながら根強く行基信仰をもち続けたのが三昧《さんまい》聖《ひじり》たちで、中世以来の由緒ある共同墓地（惣墓）の維持、管理を行った(2)。

四、まとめにかえて

今回は、行基四十九院を訪ねるとともに、行基の信仰に裏付けされた社会事業の一端を再確認した。「天平十三年記」によると、架橋六カ所（二カ所）、道路一カ所（一カ所）、池一五カ所（一カ所）、溝七カ所（一カ所）、樋三カ所（三カ所）、船息二カ所、堀四カ所（一カ所）、布施屋九カ所（一カ所）が挙げられている（（　）内は河内国に属する箇所数）。治水事業が多くを占めている。

奈良時代の河内は、河内湖と呼ばれる湖だったが、大和川が運び込んだ土砂によって徐々に埋め立てられた。その周辺は開拓され、村々が営まれていった。しかし上流で大雨があれば、河川が氾濫を起こした。京都府側から流れ込む淀川も同じ状態で、蛇行を繰返し不安定な状態であった。それゆえ南河内の狭山池の修築以外、行基は溜池の築造を行わず、逆に水との戦いともいえる諸事業を中心に行ったのである。今では大阪の東部は住宅地と工場街に変身し、河内湖の片鱗さえ見られないが、行基関係遺跡を訪ねることで、大阪城の東から生駒山麓までの行基時代の原風景を想像することができる。また河内七墓から行基信仰の奥深さも知ることができた。

註

（1）　行基誕生の地は堺市家原寺の地で、和泉国に属するが、和泉国は和同六年（七一三）、河内国から分離した。

（2）　三昧聖　都市や村落の墓地やその近くに定住した半僧半俗の民間宗教者（聖）である。仕事はおもに葬祭業務を行った。（『行基事典』より）

3　行基と摂津猪名野・武庫・兵庫

一、はじめに

前節では山城と摂津の国境、山崎院と山崎橋推定地を探訪した。今回は淀川右岸に向かい、猪名川《いながわ》流域から表六甲まで歩みを進めたい。

行基建立四十九院のうち、この地域には次の四カ所がある（数字は『行基年譜』に見える建立の順次）。建立は天平二年（七三〇）、行基が六三歳の時で、崑陽施院《こやせいん》のみ翌年の天平三年である。

14　船息院　　兎原郡宇治郷《うはら》

15　船息尼院　兎原郡宇治郷

18　楊津院《やないつ》　河辺郡楊津村

21　崑陽施院　河辺郡山本村里

また、淀川右岸の旧山陽道には道沿いに奈良時代の寺院が点在した。高槻市梶原の梶原廃寺、同市郡家本町の芥川廃寺、茨木市太田東芝町の太田廃寺で、ほぼ等間隔で点在している。

二、摂津での業績――北摂から表六甲にかけて

①豊中稲荷神社〔豊中市本町七丁目〕

阪急宝塚線豊中駅を東に出て、駅前の商店街を東北に進むと豊中稲荷神社がある。同社の由緒書によると、祭神は宇迦御魂神《うかのみたまのかみ》、天照大神、月読命《つくよみのみこと》である。由緒は、行基の創建した金寺《かなでら》に近衛殿より寺領数十町歩が寄進されたのをもとに、この地の五穀豊穣、住民の家運繁栄の守護神として勧請されたと伝える。

その後、織田信長の伊丹城攻めのため罹災《りさい》したが、昭和四六年（一九七一）、境内整備を行い、旧状に復した。また、東側に接して稲荷山公園があり、その一部には新免《しんめん》遺跡が広がり、古墳時代の集落跡や須恵質陶棺が出土している。

1　豊中稲荷神社の景観

2　金寺山廃寺 塔心礎（看景寺境内に移され保存されている）

②金寺山廃寺跡〔豊中市本町八丁目〕

豊中稲荷神社の東北方は住宅地になっていて、昔の地形を読み取ることは難しい。住宅内の市道をたどってやっと金寺山廃寺《かなでらやま》の中心地に着く。「塔岡《とうおか》」と通称され、また「金寺山」の小字名が残るこの地から江戸時代の文化年間（一八〇四～一八）、塔心礎が発見され、多量の軒瓦が出土した。飛鳥の山田寺に近い軒丸瓦や、難波宮、四天王寺出土瓦に類似したものが見られることから、難波長柄豊崎宮の造営期である七世紀中頃から後期難波宮の八世紀末まで存在した寺院とみられている。文化年間に発見された心礎は、近くの看景寺《かんけいじ》（豊中市本町三丁目）の境内に移され、府指定文化財として保存されている。心礎は巨大な自然石面に柱穴を設け、その中央を小形の椀形にくぼませ、また柱穴の横にも小穴を穿って埋納品を入れるよう作っている。心礎の上面の大きさは長辺二〇〇センチ、短辺一八〇センチ、高さ八〇センチ以上、中央に径六四センチの凹式柱穴と径八センチの舎利孔を穿つ。

③猪名寺廃寺跡〔尼崎市猪名寺〕

猪名川に近づくと、まず目に付くのは大型ジェット機が大阪国際（伊丹《いたみ》）空港へ離着陸する姿である。轟音とともに飛び立っていく。猪名川左岸に目をやると、猪名川流域最大の弥生集落跡である田能《たのう》遺跡がすぐ近くにあり、川に沿って南下すると右手に猪名寺廃寺の森が目に入ってくる。

猪名寺廃寺跡は東側に猪名野神社が隣接し、南向きの法隆寺式伽藍配置をもつ。東側の金堂は東西一八メートル、南北一四メートルの壇上積基壇で、凝灰岩の切石で構築されていた。塔は一辺一二メートルの正方形で、壇上積基壇をなした凝灰岩の切石が発見されている。基壇の盛土や礎石の根石は除去されているが、心礎のみが塔跡の南側、法園寺本堂の裏側に移して保存されている。心礎は長辺二三五センチ、短辺一九〇センチ、上面を少し盛り上がり気味に平らにして、径七四センチ、深さ一〇・七センチの掘り込みの柱穴（柱座）を設け、さらに中央に径一〇センチ、深さ一〇・七センチの舎利孔を穿っている。

講堂跡は金堂と塔から計測された伽藍中軸線の北延長部に存在すると推定して調査を行ったが、後世に削平《さくへい》を受けたためか、遺構は検出されていない。また中軸線の南延長上にある中門も削平のため検出されていない。

猪名寺廃寺出土の軒瓦は、白鳳時代を代表する八葉複弁蓮華文軒丸瓦と四重弧文軒平瓦の組み合わせで、「川原寺式」と呼ばれているものである。また、塔跡と金堂跡から、大屋根を飾った鴟尾の破片が出土している。

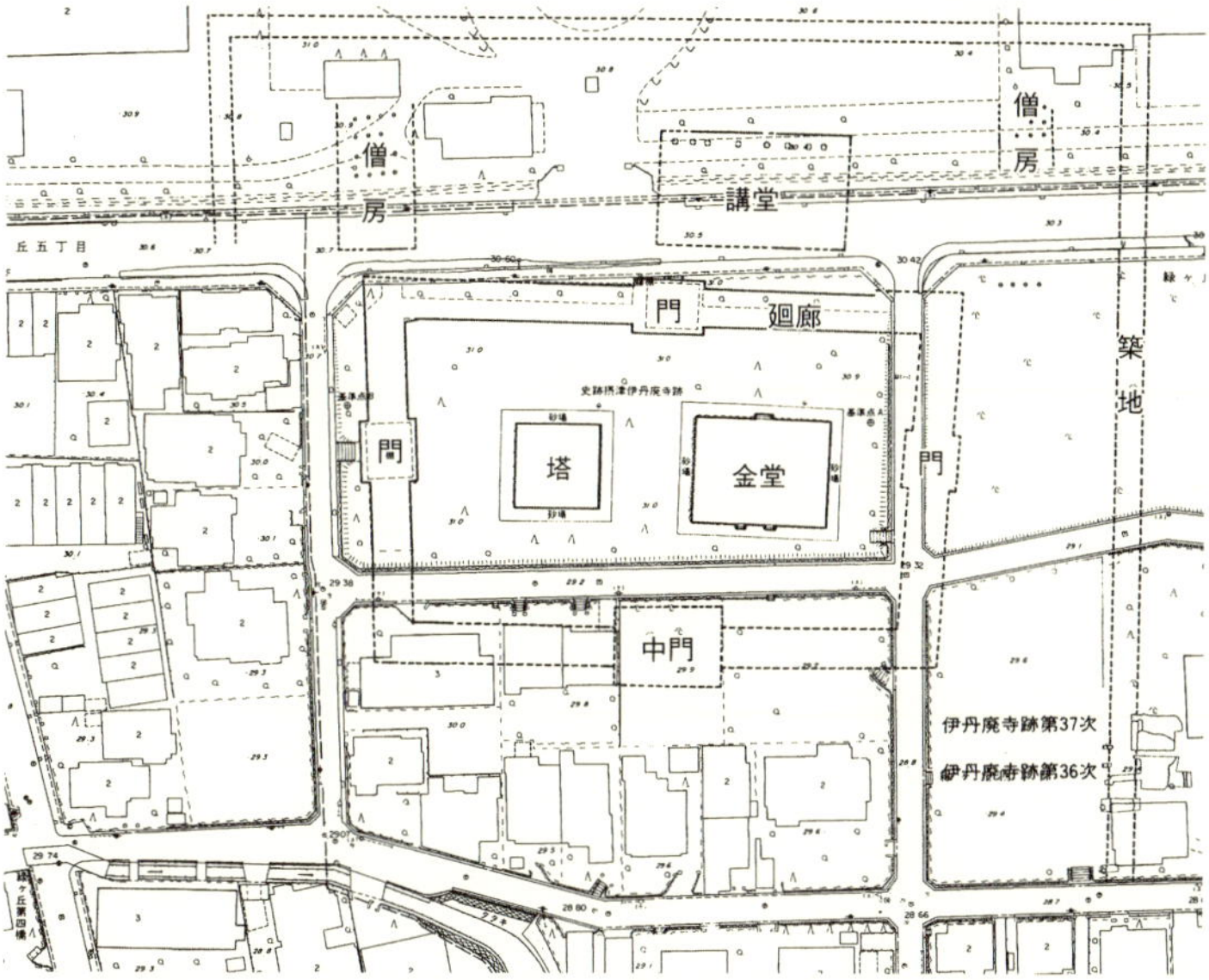

3　伊丹廃寺跡主要部（『伊丹市埋蔵文化財調査概要Ⅲ』〈伊丹市教育委員会〉より）

④伊丹廃寺跡〔伊丹市緑ヶ丘四丁目〕

猪名寺廃寺跡より北北東三・四キロの地点に、猪名野の地を代表する白鳳寺院跡の伊丹廃寺がある。猪名川の右岸、標高三〇メートルの台地上に東西方向に横長の法隆寺式伽藍配置をもつ。東に金堂、西に塔を並べ、それらを回廊が東西横長に取り囲み、南側の中央に中門、東・西・北に小振りの門を設ける。講堂跡は金堂跡の北、北面回廊の外側に中軸線より東側にずらして設けられている。

各建物の規模は、金堂跡は東西二〇メートル、南北一六メートル。地覆に塼を敷き、瓦と栗石を交互に積み上げた特異な瓦積基壇をもっている。塔跡は一辺一二・七メートル。講堂跡は東西二三メートル、南北一四・五メートルと推定されている。

その他の遺構として廃絶した金堂の基壇西側部分に瓦窯三基が築かれていた。平安時代後期に、修理用瓦を焼成したものであろう。

また、東西回廊の東側で南北方向の築地跡や、講堂跡の東と西で南北棟の僧坊跡とみられる遺構が検出されている。出土軒瓦は、細弁の単弁一六花文軒丸瓦と二弧文軒平瓦、外区に鋸歯文と連珠文を二重にした蓮華文軒丸瓦と均整軒平瓦が出土している。

なお、この寺院跡を有名にしたのは、塔の頂上部、相輪部分を飾る水煙や九輪、風鐸などが出土したことである。

⑤猪名川上・下流の寺院

栄光寺廃寺　阪急宝塚線川西能勢口駅西方の台地上に立地した、平安時代から鎌倉時代にかけての寺院跡である。最近まで平安時代の薬師如来像をまつる薬師堂が存在していた。

楊津院　行基建立四十九院の一つ。所在不明であるが、「河辺郡楊津郷」とあり、猪名川町木津にあったとみられている。

大里廃寺　旧猪名川の一庫《ひとくら》ダムを見下ろす段丘上に立地する。丹波山地と摂津平野を結ぶ交通の要地に築かれた山間の寺院。八葉単弁蓮華文軒瓦が中心で、他に金寺山廃寺、芦屋

廃寺の軒瓦と同笵のものが出土している。〔能勢町大里〕

若王寺跡・善法寺跡　猪名川の分流、藻川に立地した奈良時代の寺院跡。詳細は不明（集落跡か）。故足利健亮《けんりょう》氏（京都大学教授）は両寺院の立地を手がかりにして、大阪市の長柄橋から北西に通じた有馬道を復元し、さらにこの道が御願塚《ごがづか》古墳の南側を通り、現在の昆陽《こや》寺の地点で、北東から来た山陽道と、北から南に下ってきた長尾道とが交差していたことを明らかにされた。〔尼崎市若王寺、他〕

⑥御願塚古墳〔伊丹市御願塚四丁目〕

猪名野の中央部に点在する猪名野古墳群の一基。全長五二メートル、高さ七メートル、前方部の長さ一三メートル、幅一九メートル、高さ二メートルで、前方部の短い帆立貝型古墳。昭和六二年（一九八七）の調査で、美しい馬蹄形の二重周濠がめぐっていることが判明した。北側のくびれ部には二列に並ぶ円筒埴輪の間から古式須恵器の器台、高杯、壺などが出土し、ここで祭祀が行われたとみられる。須恵器および円筒埴輪から、古墳時代中期後半期の築造と考えられている。

また、道を隔てた北側に行基像が建つ。碑文には、

山鳥の　ほろ〱となく　声きけば

父かとぞ思ふ　母かとぞおもふ
行基菩薩作
　平成二庚午年三月吉日
大願主摂津国川辺郡御願塚邑
　源右衛門末孫　勝次　俊夫　繁樹

とあって、この地には行基菩薩に対し、篤い信仰が息ぶいていることを知らされた。伊丹市には阪急伊丹線伊丹駅を下車して西へ三〇〇メートル進むと「行基町」の地名が付いていて、町域は東西・南北六〇〇メートルの広い範囲に及んでいる。

⑦崑陽施院・昆陽寺と猪名野の開発

行基は伊丹市周辺でも大きな力を発揮した。『行基年譜』によると、天平一三年（七四一）に、崑陽上池・同下池・院前池・中布施池・長江池の五カ所の池と、崑陽上溝・同下池溝の二カ所の溝の開発と、崑陽布施屋を建設したとされている。『行基年譜』の記述を現地に比定すると、崑陽上池は現在の昆陽池に、同下池は江戸時代初期に埋められた昆陽池西側の池と考えられている。崑陽上溝、下溝については、北方の長尾山丘陵から崑陽上池、同下池に水を送った溝との考え方から、現在の天神川と天王寺川にあてている。一方、

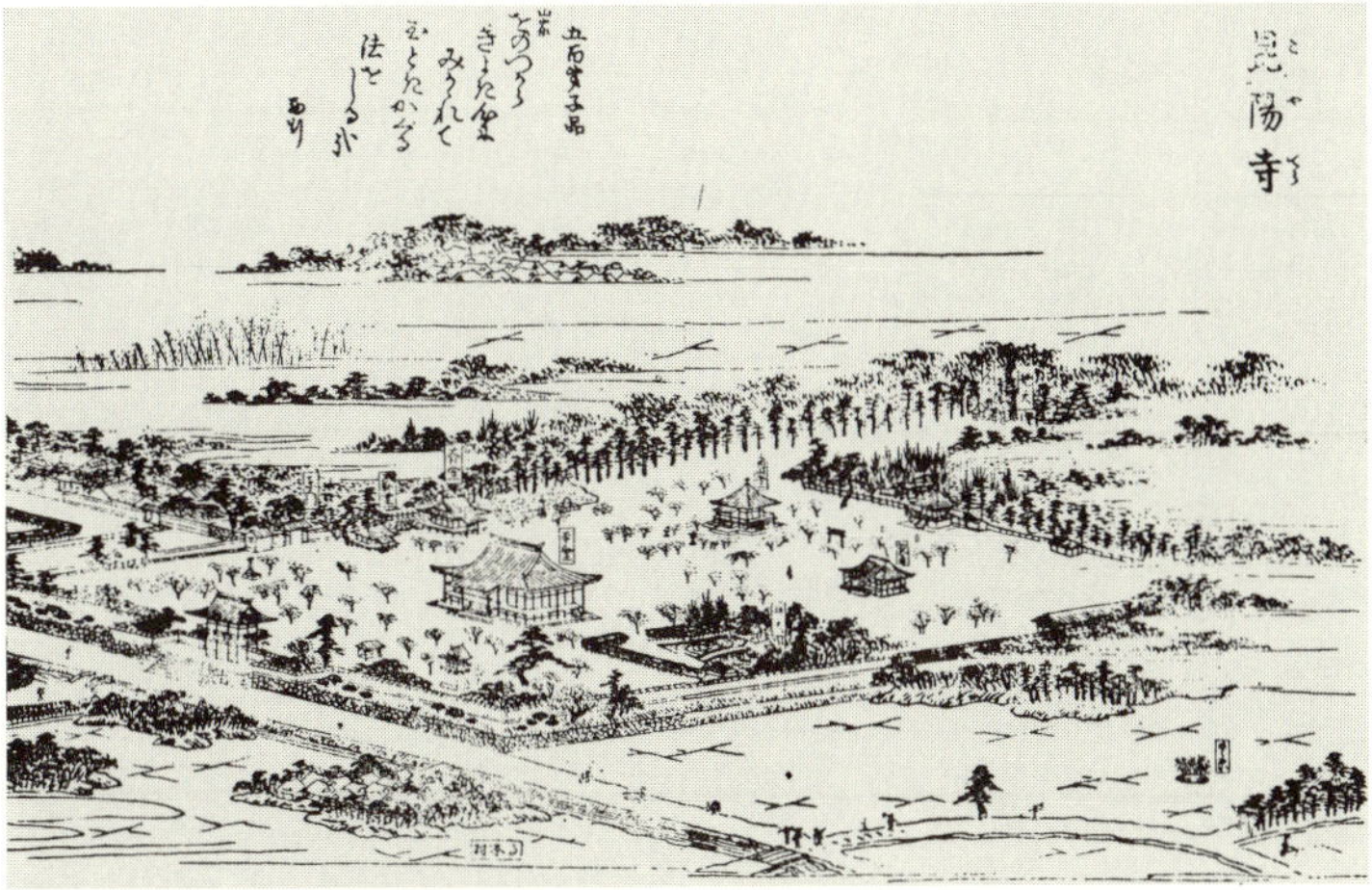

4　昆陽寺（『摂津名所図会』巻六より）

5　昆陽寺 行基菩薩の墓塔

崑陽上池・下池に貯水した水を下流の耕地に送る幹線水路を掘削したのではないかとの説がある（坂井英弥「『行基年譜』にみえる摂津国河辺郡山本里の池と溝について」『続日本紀研究』第二〇四号、一九七九年、参照）。

次に崑陽施院については、『行基年譜』によると、川辺郡山本村と記されており、少し位置が異なっている。一方、崑陽布施屋は今の昆陽寺に近い川辺郡崑陽里となっている。故足利健亮氏は「猪名野の古道と寺社、集落との関係」図を作成して、「主要二道と計画山陽道推定線が集中するところが現在の昆陽寺《こやでら》の位置である。現在の昆陽寺の位置は、行基の営んだ崑陽施院、崑陽布施屋の位置を踏襲しているか、それに近接することは確実である」（「摂河泉の古代計画道路」『日本古代地理研究』大明堂、一九八五年）と結んでいる。

昆陽寺は伊丹地域で最大の広い境内と伽藍をもっている。山門・本堂・行基堂、観音堂などの諸堂があり、行基堂の北側に方形の区画をもった行基菩薩の墓塔が建立されている。寺宝として「行基菩薩行状」写本の絵巻物五巻、同じく「大僧正舎利瓶記」など、多数の文化財を蔵している。

⑧芦屋廃寺跡〔芦屋市西山町・三条町〕

現地は住宅密集地となり昔日の面影はないが、表六甲の眺望のよくきく高台に位置し

6　芦屋廃寺 塔心礎

ている。昭和八年（一九三三）の住宅工事中に古瓦が大量に出土し、それらが白鳳期の屋根瓦であったため注目された。その後、第六二次の調査で、大量の屋根瓦と塼、建物基壇が検出された。また東側に隣接する土地から塔心礎が検出されていて、東西に建物が並んでいたことが判明した（法起寺式か）。当初の建物は火災で焼失し、その後一四世紀頃、位置を移して再建されたと考えられている。『摂津名所図会』には再建後の薬師堂が描かれている。現在、塔の心礎は、芦屋市立美術博物館（芦屋市伊勢町）の前庭に移されている。

　この付近を山陽道が通り、芦屋駅が営まれたことと、元禄五年（一六九二）の『寺社御改委細帳』に、芦屋村に行基開創と伝える塩通山法恩寺の寺名があり、嘉吉二年（一四四二）の兵火で焼失したとある。行基伝承の広まりを知ることができる。

⑨大輪田船息〔神戸市兵庫区切戸町〕

「船息《ふなおき》」とは港のことである。『天平十三年記』には「大輪田船息　在摂津国兎原郡宇治
神前船息　在和泉国日根郡日根里近木郷内申候」とある。

7　大輪田泊の石椋

兵庫区切戸町の住吉神社には弘安九年（一二八六）に造立された高さ八・五メートルの「清盛塚」と呼ばれる石造十三重塔（兵庫県指定文化財）が建ち、東側に大輪田橋が架かる新川運河が南北に走っている。この運河の北端、東の鍵形に曲がるところに「古代大輪田泊《おおわだのとまり》の石椋《いわくら》」が置かれている。説明板によると、昭和二七年（一九五二）、新川橋西方の新川運河浚渫《しゅんせつ》工事の際に、重量四トンの巨石二十数個が一定の間隔で打込まれた松丸太とともに発見され、平清盛の築いた経ヶ島の遺構ではないかと考えられてきた。しかしその後、北西二五〇メートルの芦原通一丁目で確認調査が行われ、古代の港湾施設と考えられる建物や大溝が発見された。これらを総合的に検討して、石椋は奈良時代後半から平安時代中頃にかけて港の入口部の防波堤を築いた時の石材で、このような巨石を三～四段積上げ、松杭で固定していたことが判明した。この石椋が奈良時代まで遡るものであれば、行基の関与も十分考えられる資料となる。行基建立四十九院の船息院、船息尼院もこの付近にあったのであろう。

三、まとめにかえて――山陽・山陰道と湊の整備

行基の行動は『行基年譜』や伝承などによれば、和泉、河内に集中しているようにみられるが、淀川流域から千里丘陵の南端、猪名野、表六甲まで、広い範囲が活動の舞台であった。

豊中市金寺山廃寺では、豪族居館が検出されている本町遺跡、飛鳥・奈良時代の遺構が検出されている新免遺跡、また、南の山裾には桜井谷須恵窯跡群がある。付近は須恵器作りの里であるが、土器作りは衰退期を迎えていて、この点で行基の活躍の舞台である和泉・河内地域との類似性が強い。猪名野では丘陵地の開発と、山陽道を往還する旅人の救済を主目的とした工事や施設の遺跡が点在する。猪名寺廃寺と伊丹廃寺に注目すると、猪名寺廃寺と中田遺跡（尼崎市）や南本町遺跡があり、それらの集落を営んだ有力豪族として、為名部首《いなべのおびと》、または、同族の川原氏が推定されている。伊丹廃寺でも付近で見つかった緑ヶ丘遺跡を考慮して凡河内直氏《おうしこうちあたいうじ》を、また、金寺山廃寺、本町遺跡、新免遺跡などに注目して金連氏の名前が挙がっている。いずれにせよ、個々に勢力伸張を図っていた有力豪族と困窮する農民層の調和を計り、力を結集して大事業を行った行基の偉大さが見えてくる。

特に惸独田《けいとくでん》を置いて農民救済を行った意味は大きい。『日本後紀』弘仁三年（八一二）に、摂津国にある一五〇町の惸独田について勅が出されている。国司がこの田の耕営に責任を持ち、収穫の稲を太政官に報告して指示を受けた後、使用するようにとのことであるが、その記事の末尾に「惸独田は故大僧正行基法師　孤独を矜《あわ》れむが為に置く所なり」とある。「惸」も「孤」も一六歳以下で父の無い者、「独」は六一歳以上で子の無い者をいい、惸独田は身寄りの無い農民の生活を救う制度であった。行基の徳は後世まで伝えられていたのである。

4　行基と大和・その周辺

一、はじめに

私は行基の足跡を訪ねて生誕の地である和泉から、河内、摂津を訪ね、造寺や池の築造と改修、溝の掘削など、行基の社会事業の一端を見てきた。この節では、奈良県を中心にその足跡をたどることにしよう。

近鉄奈良駅地上東側の駅前広場は「行基広場」とも呼ばれている。広場の南寄りに噴水があり、その中央に東大寺大仏殿に向かって拝する行基菩薩像が安置され、私を迎えてくれる。この広場こそ奈良観光の出発点であって、待ち合わせの場所とする人も多い。

二、行基、終焉の地を訪ねて

①東大寺　行基堂〔奈良市雑司町〕

行基は東大寺大仏の建立に力を注ぎ勧進《かんじん》を行ったことで知られるが、この大事業の中で、病を得て菅原寺《すがわらじ》に退き、大仏の完成を見ず天平二一年（七四九）に亡くなった。

広大な東大寺の境内の中で行基に関係するお堂は、大仏殿を眼下に見下ろす東側台地の鐘楼（大鐘）の傍らにひっそりとたたずむ行基堂である。

東大寺寺務所営繕課の今西良男氏の説明や『奈良県の近世社寺建築』（奈良県教育委員会文化財保存課、一九八七年）によると、このお堂は当初、俊乗《しゆんじよう》房重源《ぼうちようげん》上人像を祀っていたが、俊乗堂完成後に行基菩薩像を祀るようになった。また、行基堂とした際、中井大和守正清《なかいやまとのかみまさきよ》（一五六五～一六一九）が改築に関与したとの記録があるが、その時期は一七世紀のごく初めの頃となる。建物は西向きの小規模な一間堂で、転用された古式の礎石の上に建つ。正面を板扉、三方を板壁とする。建築の細部や組物の形や彫刻は古式で、江戸時代初期の建造とみられている。屋根頂部の鉄製露盤・宝珠、内部の厨子も同時期のもので、

1　東大寺 行基堂

小建築ながら見逃せない建物の一つである。

行基堂の行基菩薩像は痩身で、一分の隙もない顔立ちながら、もっと近くに来るように手招きしていただいているような柔和で優しい印象を受け、多くの人々に慕われるお姿を垣間見ることができる。ところで、この尊像は生駒・竹林寺の旧像（現在、唐招提寺に移安）を模して作られたものである。江戸時代の中頃、公慶《こうけい》上人によって造立がはじめられたが、未完成のまま中止されていたのを弟子の公俊《こうしゅん》が遺志を継いで、享保一三年（一七二八）、即念法師と仏師賢慶《けんけい》に命じて造らせたもので、竹林寺との関係が深い像である。

なお、行基堂の西側に俊乗堂が建つ。鎌倉時代に東大寺を復興した俊乗房重源上人を祀るお堂である。永禄の兵火（一五六七年）で焼失した浄土堂の跡地に、公慶上人が大仏殿造営の余材をもって建立したと、『公慶上人年譜』にある。

②泉橋寺〔木津川市山城町上狛西下〕

東大寺の西側を南北に走る旧国道二四号線（現・国道三六九号線）を北に進み、奈良坂（般若寺坂）を越えると、大和と山城の境に至る。この地の難所は木津川越えである。木津川は名張盆地から笠置《かさぎ》の山峡を抜け、木津の地で一気に川幅を広げ、北西に向きを変えて滔々《とうとう》と流れている。ここは大和に入るにも、京に向かうにも交通の要衝であり、難所でもあった。

天平一二年（七四〇）、山城国相楽《そうらく》郡大狛《おおこま》村に発菩《ほつぼ》薩《さつ》院《いん》（泉橋院《せんきょういん》）が起工された。奈良からその地を訪ねるには、旧国道二四号線泉大橋を渡り、すぐに左折して木津川右岸を下る、そうすると玉龍山泉橋寺がある。泉橋院の後身とされ、境内には礎石、土壇や五輪塔などの歴史的遺品が残されている。なお、創建時の塔跡は北一〇〇メートル余りの地点にあり、塔心礎の検出が伝えられている。

泉橋院のあった木津（泉津《いずみづ》・泉木津《いずみきづ》）の地は、藤原京、平城京造営時の資材の集積地にあたり、ここで荷揚げされた造営資材は、奈良坂越えで南へ運ばれて行った。そのためこの地には泉大橋、泉寺布施屋などの重要施設が設けられた。泉橋寺に近い木津川の堤防に立って南方を望見すると、大智寺（木津川市木津雲村）が見える。この寺の本尊の文殊菩薩坐像や十一面観音立像は優品で、国の重要文化財に指定されており、そのためこの寺は木津の古刹として著名である。泉橋寺と大智寺の間に泉大橋が架かっていたと想定すると、大和と山城を結びつけた夢の架け橋であったと思えてくる。

また、泉橋寺門前の「木津大仏」とも称される地蔵大石仏は永仁三年（一二九五）に石材が切りはじめられ、徳治三年（一三〇八）に地蔵堂が上棟、供養されたという。願主は般若寺（奈良市般若寺町）の真円《しんえん》上人である。

応仁の乱に関連して、文明三年（一四七一）、西軍の大内政弘が木津や上狛《かみこま》を攻めた時にこの地蔵堂も罹災した。赤く焼けただれた石仏や礎石の様子から、火勢のすさまじかったことが想像される。泉橋寺の境内には鎌倉時代の石造五輪塔などの文化財が多く見られる。

③喜光寺（菅原寺）〔奈良市菅原町〕

養老五年（七二一）、平城京右京三条三坊に住む寺史乙丸《てらのふひとまる》が居宅を行基に布施し、翌年二月、菅原寺が起工された。この右京三条三坊一五坪が創建当時の寺地とみられ、現本堂

2　喜光寺 本堂

はこの地に建つ。昭和四四年（一九六九）の国道工事に伴う南大門跡や現本堂周辺の調査で、門の地業跡や、ひと回り大きい金堂基壇の痕跡が確認された。

行基は東大寺の大勧進を務めていた時に病を得て、菅原寺東南院で療養に努めたが、天平二一年二月二日、この地で入寂した。

現本堂は室町時代の再建であるが、奈良時代の金堂の面影を伝える貴重な建物である。本尊は丈六《じょうろく》の阿弥陀如来坐像で、定印を結び、右足を上にして結跏趺坐《けっかふざ》する。檜材の寄木造で漆箔《しっはく》。面幅の広い丸顔の輪郭、上まぶたがふくらみ、伏目がちな点で定《じょう》朝《ちょう》様を残している。本堂とともに国の重要文化財に指定されている。

当寺には、東大寺造営の時、行基がこの寺の本堂を試みに造営して、それを元に大仏殿を造営したので「大仏殿の試みの堂」といわれるとか、天平二〇年（七四八）、聖武天皇が行幸した時、本尊から不思議な光明を感得し、大変喜び「喜光寺」の扁額を与えたことから、以後、喜光寺と呼ぶようになったとの言い伝えがある。

平城京の三条大路は喜光寺門前を通り、平松町でやや西南に進路を変え五条畑《ごじょうばた》から富雄《とみお》川《がわ》流域の砂茶屋《すなちゃや》に出る。砂茶屋の「茶屋」は街道に沿った休所の意味で、この地を通って矢田丘陵を抜け、生駒谷から生駒山の峠の一つ暗峠《くらがりとうげ》を越え、東大阪市の豊浦町に至る道筋がある。暗越え奈良街道ともいい、現在の国道三〇八号線である。

④霊山寺〔奈良市中町〕

富雄川に架かる朱塗りの大橋を渡ると西奥に大きな鳥居が聳え、石畳道が西方の山腹へと続いている。石畳の北側には建物群が建ち並び、その一画に本堂がある。本堂には、通常は厨子《ずし》の扉が閉められている、秘仏の薬師三尊が安置される。その他に行基菩薩像、菩提僊那《ぼだいせんな》像などが祀られている。前面には、私が以前調査したことのある方形三尊塼《せん》仏が安置されている。飛鳥の川原寺や橘寺《たちばなでら》出土の三尊塼仏よりもひと回り大きい。

霊山寺《りょうせんじ》の開基は行基と伝えられている。『行基年譜』の中に「養老二年隆福寺登美を起す」とあり、この「隆福寺」を行基四十九院の隆福院に当てる考えがある。霊山寺は国宝の本堂や、重要文化財の三重塔などの多数の文化財を所蔵しており、境内から奈良時代の古瓦なども出土している。また、菩提僊那《ぼだいせんな》の墓所と、重要文化財の鎮守社殿（十六所神社）が所在する。

⑤追分廃寺〔奈良市大和田町〕

霊山寺南側には暗越え奈良街道（国道三〇八号線）が通り、矢田丘陵の高所、追分《おいわけ》が近い。追分で一際目に付くのは追分本陣村井家住宅で、一九世紀初めから中頃の宿場建築として奈良市指定文化財となっている。村井家住宅の南東部分が追分廃寺の検出された場所である。

昭和四三年（一九六八）六月、梅林の工事中に古瓦が出土し、発掘調査が実施された。東斜面の地形の一部を削って、平地を作り、小規模な建物が建っていたと推定された。しかし出土瓦は、軒丸瓦が三種類、軒平瓦は四種類もあり、各地域から持ち寄った瓦類と判断された。また「矢」、「田」の刻印も存在した。行基建立四十九院の一つ隆福院か、隆福尼院ではとの意見も出された。

⑥竹林寺〔生駒市有里町〕

近鉄生駒線一分《いちぶ》駅から第二阪奈道路の高架を目印に南に進み、竜田川《たつたがわ》の右岸から西方の谷筋に入り、有里公民館東側の緩やかな参道を登っていく。途中、前方後円墳の竹林寺古墳との説明板があり、頂上には竹林寺の本堂、その左側に庫裏《くり》がある。この本堂は唐招《とうしょう》提《だい》寺《じ》の元長老森本孝順師の努力によって建立されたもので、小振りであるが静寂の中にたたずんでいる姿が美しい。

本堂から右手東方に進むと行基の墳墓がある。墳墓は円形の土饅頭で、以前は頂上部に地蔵菩薩像が立っていたが、現在は前庭の左側に移されている。墳上には熊笹が生い茂っている。

3　**行基舎利瓶**（墓誌断片）
（奈良県立橿原考古学研究所編『森本六爾関係資料集Ⅰ』）

文暦二年（一二三五）八月、行基の墓が発掘され、舎利瓶が発見された。その後七〇年を経た嘉元三年（一三〇五）、東大寺僧凝然《ぎょうねん》が実地調査に基づく記録『竹林寺略録』を著わした。これによると、地中から八角石筒が見つかり、その中に銘文のある銀筒があった。さらにその中に銀製舎利瓶が納められ、その蓋に銀票札が結ばれていたといい、かなり詳しく記録されている。

本堂の前を西に進むと竹林寺の墓地に至る。ここには行基を慕ってこの地に分骨した良遍《りょうへん》上人忍性《にんしょう》の墳墓がある。この墳墓も荒廃していたが、発掘調査で再確認され、新しく五輪塔なども造られた。

⑦興山往生院〔生駒市有里町〕

興山往生院は竹林寺と谷を隔てた南側の台地上に立地し、本堂と石造遺物、そして惣墓《そうぼ》が広がっている。小さな本堂の西側には正元元年（一二五九）の銘文をもつ古式の宝篋《ほうきょう》印塔《いんとう》が安置されている。その南側の大形宝篋印塔は宝暦年間（一七五一～六四）の年号と、行基菩薩納骨地と記銘する。

本堂の背後に回ると、古式の石製五輪塔とそれを囲むように十三仏を描いた五輪塔形の板塔婆《とうば》がめぐっている。地元ではこの五輪塔下から「行基舎利瓶」の破片が発見されたと伝えられている。諸説あい分かれるが、この地をもって行基の火葬地とか納骨の地とかいわれる所以《ゆえん》である。

また、近くに美努岡万《みののおかまろ》（萬）連《むらじ》の火葬墓がある。

三、まとめにかえて

「行基建立四十九院」を中心に大和での行基の足跡を訪ねてきたが、奈良県内には他に次のものがある。

2　恩光寺（大和国平群《へぐり》郡床室村）　霊亀二年（七一六）　四九歳

35　頭陀院《ずだいん》菩提（大和国添下郡矢田岡本村）　天平九年（七三七）　七〇歳

36　頭陀院菩提尼院（大和国添下郡矢田岡本村）　天平九年　七〇歳

以上の三院については所在が確認されていないが、恩光寺は吉田靖雄氏（大阪教育大学名誉教授）がその著『行基――文殊師利菩薩の反化なり』（ミネルヴァ書房、二〇一三年）で、『日本霊異記』『竹林寺略記』などを検討して、「恩光」とは行基生母に関係する名付けであろうと推察している。また、行基は慶雲四年（七〇七）、生馬《いくま》仙房《せんぼう》に住み、生母に孝養の礼を尽くしたが、和銅三年（七一〇）、生母が没したので、生馬草野仙房に移り苦行を重ねたという。そのため吉田氏は結論として「竹林寺の地は行基が生母と共に生活した生馬仙房であり、仙房を改装して恩光寺生馬院が成立した」と推察している。さらに、頭陀院と同尼院については「菩提」を地名とみて、興福寺領菩提荘のあった大和郡山市小泉町付近に求め、大和郡山市教育委員会が発掘調査を行った菩提山遺跡（大和郡山市山田町）周辺ではないかと検討されている。

なお、「行基建立四十九院」に含まれていないが、『行基菩薩伝』では生母に孝養の礼を尽くしたところとして「古京佐紀堂」がある。ここで慶雲二年（七〇五）から二年間を過ごし、生馬仙房に移り住んでいる。この転移は平城宮造営と関わっているのであろう。

5　行基と土塔

一、はじめに

私は年少の頃、現在のＪＲ阪和線の三国ヶ丘、百舌鳥、上野芝を起点として堺市周辺の遺跡めぐりを行った。このＪＲ阪和線を南北の直線道とみると、これより東側の旧道はすべて南東から北西に走り、旧堺市街地に通じている。小学校五年の時、百舌鳥《もず》駅（百舌鳥古墳群）の踏査や見学にあきたので、阪和線より東の世界に興味が引かれ、高田（堺市百舌鳥高田）、赤畑（堺市百舌鳥赤畑）まで出張った。御廟山古墳や百舌鳥八幡宮は幾度か来たことがあり少しは勝手知ったところである。しかし、そこから南東は未知の世界だった。まず地名の読み方で困った。「土師」――どし？「はし」「はじ」「はぜ」……。地元の煙草屋のおやじさんに聞いて、「はぜ」と読むことを教えられた。その南の村は「百済」。これは不思議にも「くだら」と読めた。少年雑誌の副読本のおかげである。さらに南に

1　修復前の土塔

2　修復後の土塔(『国史跡 土塔——発掘調査成果の概要』堺市教育委員会より)

進むと、「土塔」とある。読み方は、「どとう」「どうとう」。村人の話では「どうとう」としか聞こえなかった。ちなみに、「地元はどうとう、学者はどとう」といわれている。わいわい言いながら大野寺まで行き、東に聳える土のピラミッドに感心した。しかし、その頃、新聞の地方版に「行基の土塔　土取りで消滅の危機」の見出しで、土取りで壊されそうになっている土塔が紹介され、行基が民衆の力を結集して築造した土の塔であると解説が加えられていた。木造瓦葺の三重塔や五重塔は一般的だが、一方は土の塔、しかも古墳と同じように土を積みあげれば土塔となる。

ところで、地元の人の遺跡の呼び方は土塔——どうとう。「どとう」でなかった。後年、この「どうとう」は「堂塔」を暗示しているのではないかと思うようになった。

二、地名に残る渡来文化

遺跡を知るには古代史を勉強しなければならない。高校一年で読んだ本は太田亮『日本国誌資料叢書　和泉』（磯部甲陽堂、一九二五年）である。平安時代の『和名抄』から土師《はぜ》郷《ごう》について説明がされていた。「土師郷」は万代《もず》高田・万代《もず》赤畑《あかはた》・万代夕雲開《せきうんひらき》・万代金口・万代梅・万代百済・万代西・万代東土塔・土師《はぜ》を郷域としている。周辺には大村郷・蜂田郷・石津郷・塩穴郷・常陵郷《とこはかごう》があった。遺跡探求で走り回った故郷は、新しい道路ができ、地名も変わったが、小学校の頃、探検した場所は土師郷の中を順次、高田から南東に尋ね歩いていたことになる。今は百済の地は堺市北区百舌鳥陵南町に、石津川の支流の百済川は百舌鳥川に名称が変わっていた。

三、私の行基像

堺や泉北地方に生まれた人は、行基についてどのようなイメージを描いているのであろうか。

私が幼い頃には行基というよりも「文殊さん」と呼びならわしていた。文殊、文殊菩薩の化身と考えての呼称であった。文殊菩薩は智慧を象徴する菩薩であり、特に『般若経』で説かれている。諸菩薩の上首とされ、普賢菩薩と共に釈迦如来の脇侍で、獅子にのって釈迦如来の左脇に侍している。智慧を司る菩薩として広く信仰されている。『華厳経』では東方の清涼山に住むとされ、中国山西省五台山の清涼寺、日本では奈良葛城山を霊地にあてている。行基は在野にあって、畿内を中心に諸国を巡り、池堤・橋梁・布施屋・寺院の造営など各種の社会事業を行った。行基のもつ多才な知識と善行は後年に行基菩薩、そして「文殊さん」と称された所以《ゆえん》であろう。

堺市の東部、JR阪和線の上野芝、津久野《つくの》（踞尾《つくの》）、鳳《おおとり》駅周辺の人々は正月一四日、書き初め、注連縄、正月飾りなどを家原寺《えばらでら》に持参し、大トンドで焼却してもらっていた。家原の「文殊さん」にもって行くように祖母にいいつけられた。決して行基菩薩や行基さんではなかった。子供の能筆を願って書き初めを持参することもあった。進学にあたって志望校への合格を願い、健康や家内安全、なんでも聞き届けてくれる人として泉北地方の人々の間に土着していた。当時は絵馬に願い事を書いて奉納するのではなく、家原寺本堂の柱、門扉、壁など至るところに願い事が書き込まれていた。まるで落書きである。菩薩のおいでになるところ、少しでも身近な目にふれてもらえるところに願い事を書いた。私は奈良に転居して久しいが、ある日、家原寺を訪れると、「落書き」は過去の話となったのか、今は墨で黒々と願い事が書き込まれた白地のハンカチが奉納され、本堂の各所に掲示されていた。

四、行基伝説

行基はいろいろな伝説を生んだが、その代表的なものを以下に挙げてみた。

①行基焼

須恵器《すえき》の別称。室町時代末（一五、一六世紀）頃から明治二〇年（一八八七）頃まで須恵器の呼称となっていた。行基が窯を築き、須恵器を焼いたとの伝説に基づいている。私が陶器山や信太山《しのだやま》丘陵を歩き廻っていた頃、地元の人は須恵器の杯か埦で高台のあるもの、蓋で扁平な宝珠鈕をもつものを行基焼と呼んでいた。行基の活躍していた奈良時代の須恵器の型式を言い当てていたことには驚いた。専門家が教えて、行基焼の答えができていたのか、ずっと昔からの言い伝えであったのか興味をひくところである。行基の行動圏と、須恵器窯の分布地域が重なっていることから、須恵器の生産者には行基の信奉者が多数いて、その子孫がこの地域に定住していたと理解される。

②行基葺と行基葺瓦

飛鳥・白鳳時代の屋根瓦の中で、丸瓦の下端を大きく、上端側を小さくした半筒状の丸瓦を行基瓦という。一般的な丸瓦は、玉縁《たまぶち》と呼ばれる接続部が付いているが、この方式では接続するための玉縁を付ける必要がなく簡略化できる。この方法は丸瓦を縦一列に葺並べていくため、簡易方式にあたるが、外から見た時、丸瓦の重ね部分が盛り上がり、階段状になる。玉縁の付く丸瓦は接続部分に高低差がなく一直線に仕上がるため、瓦葺に美を求めた場合は玉縁付丸瓦が好まれる。行基葺は奈良市元興寺の僧坊や禅室にその遺構が残っている。

③行基図

行基が全国各地を遊行し、信仰を広めるとともに全国を測量して地図を作成したとの伝説に基づいている。日本最初の日本国図といわれている。

四、大野寺と土塔

行基四十九院のうち、もっとも特色のあるものは大野寺と土塔である。

『行基年譜』によると、

行年六十歳丁卯

聖武天皇四年神亀五（四の誤り）年丁卯

大野寺　在　和泉国大鳥郡大野村、二月二日起

尼院　同所、今香林寺敷　同年

とある。行基六〇歳の時、神亀四年（七二七）に大野寺を建てはじめたという。現在の大野寺は土塔山大野寺といい、真言宗の寺院である。現本堂は間口四間の四方造り、他に門と庫裡が建つ。本堂の南に道路が走り、その傍に土塔が立地する。さらに南側に大門池が存在する。

土塔は方錐形の盛土で『行基菩薩行状絵伝』に「十三重土塔」とある。昭和三〇年頃の計測では南北五四メートル、東西五九メートル、高さ八メートルの規模と報告されている。また盛土の上に瓦を葺いたこと、この瓦の中に文字瓦のあることも報告されている。昭和二一年（一九四六）頃、土取りによって破壊の危機にあったが、昭和二六年（一九五一）、史跡に指定され公有化が計られることになった。

平成五年（一九九三）度から実施した大野寺の範囲確認調査と、平成一〇年度から実施した土塔の整備に伴う調査で次のことが判明している。

(1) 一辺が五三・一メートル。当時用いられた天平尺でいえば、小尺では一八〇尺、大尺では一五〇尺にあたり、瓦積基壇をもつこと。

(2) 頂部にあった粘土塊列から円形、あるいは八角形の構造物の存在が推定されている。

(3) 相輪であった可能性のある須恵器の断片が多数出土した。この中には願文を記したものが四片も含まれていた。須恵質は頂部を飾った相輪の一部との見解が出されている。

(4) 頂上部の盗掘穴を精査して四、五メートルまで掘り下げられたが、舎利らしきものは判明しなかった。ただ、白色凝灰岩片が検出されており、上部構造物の台石か、石櫃の存在したことが推定された。

(5) 土塔の使用瓦は奈良時代前期の特徴を示すこと、「神亀四年二月」の刻銘瓦や「神亀五年」銘文字瓦があり、土塔の建立年代を押さえることができる。

(6) 出土した文字瓦には和泉・河内・摂津の人名が刻字されており、行基と関わった知識層の寄進の状況を知ることができる。

木造の仏塔は、当時の最先端技術の集合体である。基壇の築成と化粧、木工、壁塗、左官、造瓦、屋根葺、そして露盤と、幾段階かの工事と養生《ようじょう》を繰り返しながら完成をめざす。このようにみると、土塔は一番手間のかかる用材の調達と加工が省略でき、また土壇築成の繰り返しと最終段階での瓦葺が行われるだけで完成する建造物であったといえる。

五、土塔の特徴と類似遺構

類似遺構

土　塔　三重に土盛し、方錐状に仕上げた段築の構造物。瓦葺を行って木造建築の面影を残す。……大野寺

頭　塔　方錐状に盛り土を行い扁平な自然石で化粧を施す。各辺に仏龕を設け石仏を配置する。……東大寺・新薬師寺

熊山遺跡　岡山県赤磐市の山頂にある熊山の三段築成の構造物。四方に龕を設けている。舎利を入れた三彩小壺や須恵質の双輪状陶製品が出土している。……近くに寺院跡（霊山寺）

類似遺構を三カ所挙げたが、その共通点を要約すると、①寺院と関係する遺構である。②方形基壇を設け重層式に積上げている。③周辺に広場や歩道状の空間をとり、独立した施設の形をとる。④仏龕を設ける（土塔は不明）。⑤土塔、頭塔、熊山の遺構は土および石積基壇で、古墳と同じように底面に比べ高さのない構築物である、ということになる。

3　修復後の頭塔（奈良市高田町）

4　熊山遺跡の景観（岡山県赤磐市）

六、土塔と百舌鳥古墳群

たびたび土塔を見学しているうちに、二つの疑問につきあたった。

(1) なぜ、ここに土塔を造ったのか。

(2) どのような人々が土塔築造を行ったのか。

(1)には次のように考えてみた。二万分の一の仮製地図で検討してみると、大野寺土塔の北東五〇〇メートルには北西から南東に走る西高野街道がある。この道は仁徳天皇陵古墳や反正天皇陵古墳の近くから大阪湾に至っている。つまり百舌鳥古墳群の北端と結ばれている。大野寺土塔から北西を見ると、土塔《どうと》から土師《はぜ》・百済・梅村・赤畑・高田・百舌鳥（仁徳天皇陵古墳）へと集落が連なっている。これを遺跡地図でみると深井清水町Ａ・Ｂ遺跡、土師南遺跡、土師観音寺遺跡と並び、土師ニサンザイ古墳、御廟山古墳、仁徳天皇陵古墳となる。つまり大野寺土塔は西高野街道と西北遺跡群とが平行する二本の尾根に立地することになる。大野寺土塔から土師まで一・二キロ、土師ニサンザイ古墳まで一・五キロ、仁徳天皇陵古墳まで三・五キロである。これは百舌鳥古墳群の南東延長上にあり、これより以南には大土木構築物は見られない。土師、百済など古墳造りに関係した集落や渡

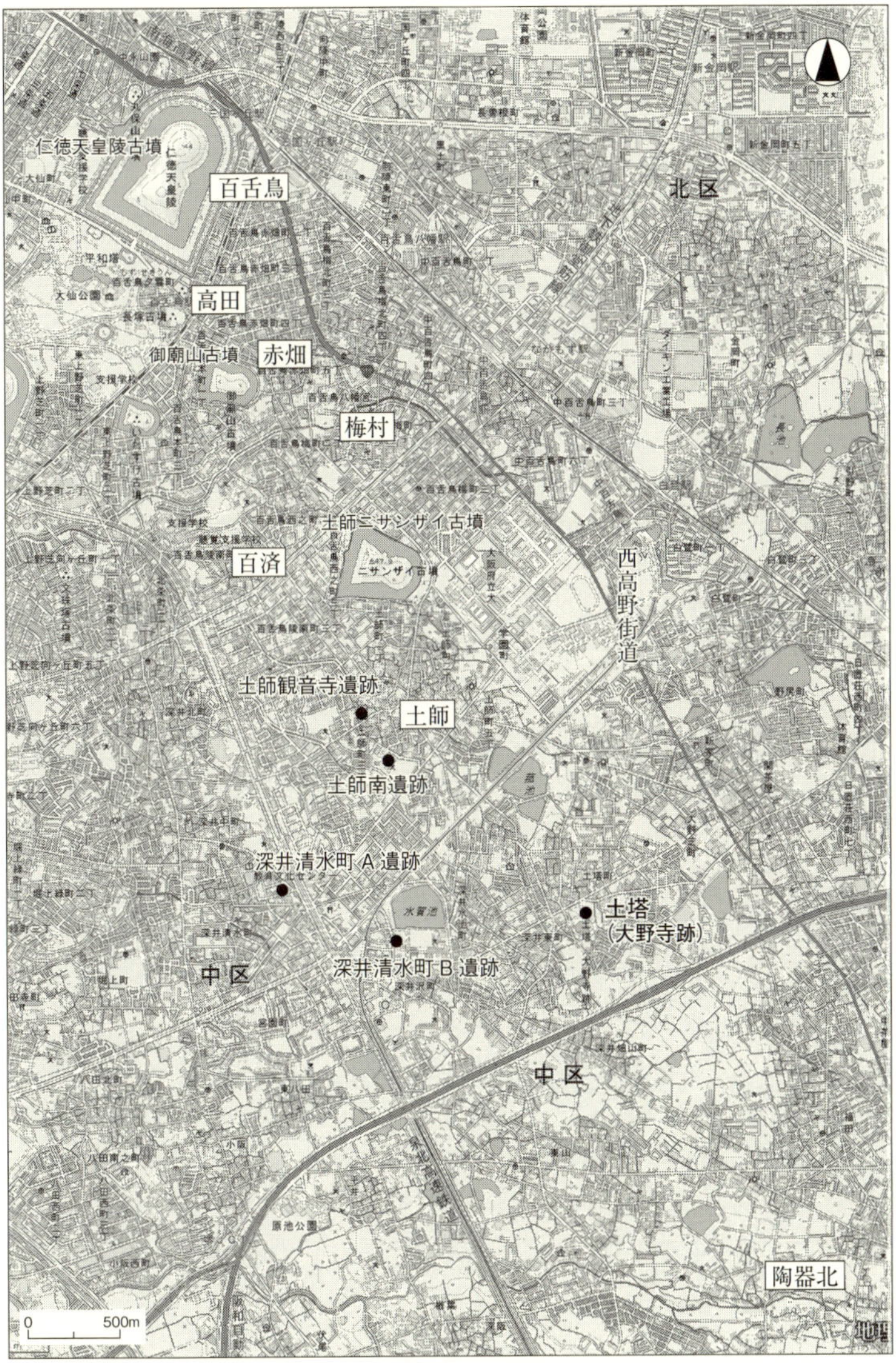

大野寺土塔と土師・百済の地（国土地理院「電子国土web」を加工して作成）

来人の村々も点在し、奈良時代まで引き継がれた技術者集団が住んでいたと想定できる。大野寺土塔から南東に進むと溜池が点々と続いている。これは先に挙げた二筋の丘陵に挟まれた谷筋である。さらに南の堺市平井・辻之までくるとこのあたり一帯は須恵器作りの窯と工房が点在したところ。今でも陶器北、東陶器の地名が残っている。土塔の構築にこのあたりの人々も参加したことであろう。行基に対する厚い信仰心をもった人々が集まっていた地域であったといえる。

(2)では土師観音廃寺出土瓦と同笵のものが土塔から出土していることである。行基と土師氏を結びつける一例である。

七、古墳と石積仏塔との比較

日本古来の大構築物といえば、古墳である。方形で一辺五〇メートルの石舞台古墳が土塔の規模と類似するが、石舞台古墳は墳丘上面の盛土を失っていて全体を比較することはできない。ここでは大形前方後円墳の円丘部と土塔以下の遺構とを比較してみることにする（表）。

表の数値からみると、頭塔、熊山遺跡は建物基壇のように基底部を固め、ほぼ垂直に一段目を構築し、二段目以降は犬走り状の空間を取って二段目以降を築いている。頭塔、土塔は段築というよりも多層式構築造と呼ぶにふさわしい形をとっている。

しかし土塔は一辺五三メートルと石舞台古墳に近似した平面をもつが、高さ八・六メートルと意外に低い。数値だけみれば仁徳陵天皇古墳の〇・二八に近い、〇・三二三メートルの数値を示している。昔から安息角という言葉がある。石炭、石炭灰、ぼた、土壌などを積んだ時に、その斜面が崩れ落ちないで安定している最大角のことである。一般の円錐形とみなし水平面と母線の角度で表している。一般の粉体では二〇〜三〇度の角度をもつ。〇・三二三の数値ではかなり低く安定勾配を保っていることになる。

表　遺構比較表

	A	(m)	B	(m)	B/A
箸　墓	後円部半径	75	高さ	29.4	0.392
古　墳	前方部1/2幅	64	高さ	16	0.25
仁徳天皇	後円部半径	124.5	高さ	35	0.286
陵古墳	前方部1/2幅	152.5	高さ	33	0.216
土　塔	一辺の1/2	26.55	高さ	8.6	0.323
頭　塔	一辺の1/2	16.5	高さ	9.10	0.55
熊山遺跡	一辺の1/2	5.855	高さ	4.14	1.4128

※古墳の場合は半径、仏塔の場合は一辺の1/2としたのは縁辺と中心部間の距離を求めた

墳丘断面図に示された墳丘傾斜角は二段目以上で計ると約二二度となる。このような安定した施工法をとれたのは土師氏の伝統技術の賜物である。

八、まとめにかえて

大野寺土塔は土師氏の集落と、須恵工人の村の中央に築かれている。土塔構築には古墳造りの伝統的技術が必要である。百舌鳥古墳群の中で唯一の技術者集団の地名が残るのは西北一・五キロにある土師《はぜ》の集落である。土師は土師氏の定住地とみられる。奈良時代の土師氏は伝統的に陵の修築・管理維持にあたり、祭祀葬礼などにもあたって、巨大古墳を築くことがなくなった時代でも、その技術を維持してきた。四、五世紀の王陵は墳墓であるとともに祖廟や社稷《しゃしょく》の性格をもっていたと考えられる。祖先を敬い土地の神に五穀の豊作を祈ったことであろう。行基の墓は生駒に築かれたが、この地の人々には土塔（仏塔）の性格を行基への追慕と信仰、さらに地域結集のシンボルとして築いたと思われる。

第3章

行基の残影を求めて

1　南山城の古社寺と遺跡

一、はじめに

前章で行基の足跡を訪ねて和泉・河内・摂津・大和と四回にわたって歩いてきた。今回は平城山を越えて南山城《みなみやましろ》を歩くことにする。

まず木津川の渡河地点に営まれた泉橋院《せんきょういん》（現・泉橋寺）は「行基建立四十九院」の一つである。木津川の堤防に立つと、東に山城の山々を、南に平城山を望見できる。泉橋院をすぎれば山背国府である。木津川の流れを遡れば恭仁京を経由して伊賀、伊勢に至り、山背の西麓を北進すれば宇治、山科を経て近江に繋がり、東山・北陸へ進む。今回は南山城に注目してみた。

二、南山城の社寺の概要

①松尾廃寺〔木津川市山城町椿井松尾〕

木津川東岸、椿井集落の東方台地上に築かれた寺院跡である。寺跡は松尾神社表門解体

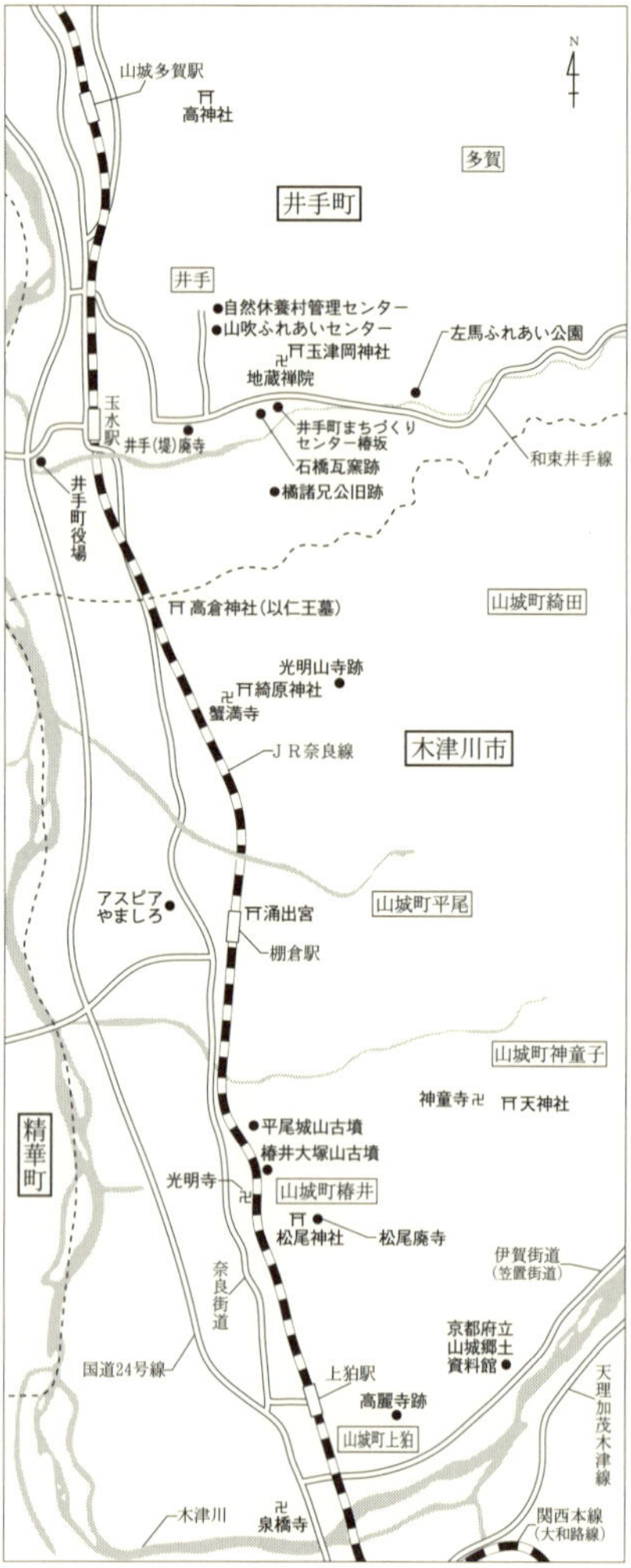

山城山辺道と古社寺・遺跡

修理と、両側の瓦込め練塀調査で、表門の前身建物が検出され、一三世紀末頃まで遡ることが判明した。両側の練塀もほぼ同時期で、また周辺の高まりも築地塀跡と確認された。練塀内には白鳳・奈良時代の瓦類が多量に含まれており、その代表的な軒瓦は、高麗寺《こまでら》、蟹満寺《かにまんじ》、泉橋寺など周辺の寺院跡で出土する軒瓦と同笵のものである。西方の範囲確認調査では南北溝を検出し、鎌倉期の瓦類が出土している。現在、主要遺構は神社本殿周辺に集中しているとみられている。

ところで、松尾神社の本殿は一間社春日造《いっけんしゃかすがづくり》、檜皮葺《ひわだぶき》。江戸時代の天明六年（一七八六）に造営された奈良市の春日大社若宮本殿を文化五年（一八〇八）にこの地へ移したもので、国の重要文化財である。注目したいのは拝殿で、方一間、切妻造で正面に美しい蟇股《かえるまた》が見られる。府登録文化財。

次に神童寺《じんどうじ》を拝観することにしよう。集落内の細道を進むと、神童寺の高い石垣と土塀が見えてくる。

②神童寺〔木津川市山城町神童子〕

石段を上って山門をくぐると、正面に本堂、右手に庫裡《くり》、本堂の背後に収蔵庫が設けられている。寺伝によると、聖徳太子が千手観音菩薩を彫刻して本尊とし、「大観世音

1　神童寺 本堂の景観

教寺」と号したという。のち、白鳳四年（六七六）、役小角《えんのおずぬ》が当寺で修行、蔵王権現《ざおうごんげん》を感得して、自ら蔵王権現を彫刻した。この時、神童二人が現われ、これを助けたので神童寺の名前のいわれとなった。蔵王権現を本尊とする金峯山寺がある大和の吉野山に対し、「北吉野」といわれている。平安時代はじめ、興福寺の僧願安が再興、法相・真言兼学の道場とした。治承四年（一一八〇）の兵火など、たびたび罹災したが、現本堂は応永一三年（一四〇六）に興福寺の官務懐乗が再建したもの。かつては興福寺の末寺であったが、今は真言宗に属している。

本　堂　本尊の蔵王権現像を安置しているので「蔵王堂」と呼ばれている。建物は方三間、四注造。前面に一間通の吹き放しの一段低い広縁を付け、残り三方は廻縁《まわりぶち》とする。四柱上に三斗《みつと》を組み、正面に格子戸と菱格子の欄間《らんま》をはめ、内部天井は竿縁天井とする。中央方一間の内陣に仏壇を設け、外陣は板敷きとする。簡素で力強く、室町時代初期の建築様式をよく残している。国の重要文化財。

収蔵庫には、重要文化財の日光菩薩・月光菩薩像、愛染明王《あいぜんみょうおう》像、毘沙門天《びしゃもんてん》像、白不動明王像、阿弥陀如来像（いずれも平安時代）の六体の像が安置されている。また、建久七年（一一九六）の銘が入った重要文化財の伎楽面や役行者《えんのぎょうじゃ》像、前鬼・後鬼像、弘治四年（一五五八）銘の蔵王堂太鼓、本堂に使われていた鬼瓦類等も収蔵されている。

なお、境内には、本堂左手奥にある十三重石塔など、見所が多い。

③天神社〔木津川市山城町神童子〕

神童寺を後にして四〇〇メートルほど東に進むと、鬱蒼《うっそう》とした森が迫ってくる。ここが天（天神）神社で、古くは子守明神、勝手明神と呼ばれたが、吉野山の社寺に準じた名称である。本殿は府登録文化財。

十三重石塔　境内左手にやや小ぶりの花崗岩製十三重石塔が立っている。重要文化財で建治三年（一二七七）の銘をもち、四方仏の中に地蔵像が加えられているのが注目される。軒先の反りなどに鎌倉時代の特色をよく残している。

石造多宝塔　本殿左方崖際に鎌倉時代末期の小型の石造多宝塔がある。三十八所如法経を刻む優品である。

④**涌出宮**〔木津川市山城町平尾里屋敷〕

ＪＲ奈良線棚倉駅の東側、広大な社叢をもつ延喜式内の古社。正しくは和伎坐天之夫岐売《わきにますあめのふきめ》神社という。長い参道を進むと室町時代の四脚門、拝殿（いずれも市指定文化財）へと導かれる。本殿は元禄五年（一六九二）造営の三間社流造《さんげんしゃながれづくり》（府登録文化財）である。祭神は天乃夫岐売命《あまのふきめのみこと》、田凝姫命《たこりひめのみこと》、市杵嶋姫命《いちきしまひめのみこと》、湍津姫命《たぎつひめのみこと》。

天平神護二年（七六六）、伊勢国五十鈴川《いすずがわ》畔の舟ヶ原から勧請された時、神域の杜《もり》が一夜にして四町八反涌き出したとの言い伝えがあり、涌出宮《わきでのみや》の通称で知られている。この神社と伊勢神宮との結びつきを示すかのように、境内の東側に奈良街道から分岐し、伊賀経由で伊勢に向かう参宮街道の道標が建っている。

石灯籠　本殿前左右の四角型石灯籠は花崗岩製。高さ約一・八メートル。一対に作られているが、各部の寸法や、中台の蓮弁や格狭間を異にするなどの工夫がみられる。

⑤**井手（堤）廃寺**〔綴喜郡井手町井手西高月〕

ＪＲ奈良線玉水駅の北東台地上に井手（堤）廃寺がある。府道和束・井手線に沿った高

2　井手（堤）廃寺跡の景観

月の集落はずれに四阿《あずまや》（東屋）があり、周辺から出土した礎石と説明板がある。この付近一帯が井手（堤）廃寺である。主要伽藍はこの四阿のある部分を含め、北側に広がっている。最近の範囲確認調査で、寺域は二四〇メートル四方、法隆寺式伽藍配置であったと推定されている。三彩垂木先瓦などから文献にみられる円提寺跡とみられる。橘諸兄《たちばなのもろえ》創建の寺院である。

なお、井手（堤）廃寺については井堤寺、井提寺、円提寺跡などの記述がある。本稿では井手（堤）廃寺としておく。

⑥石橋瓦窯跡〔綴喜郡井手町井手石橋・清水〕

井手（堤）廃寺から南南東二〇〇メートル、玉川北岸の丘陵地の緩やかな斜面に新道建設の事前調査で瓦窯が検出された。焼成した瓦類は、藤原京内に営まれた大官大寺（後の大安寺）の創建瓦であることが判明した。この瓦窯は『大安寺伽藍縁起幷流記資材帳』にある「棚倉瓦屋《たなくら》」に該当すると判断された。奈良市の大安寺との関係で「大安寺旧境内附石橋瓦窯跡」として史跡となっている。

3　玉津岡神社 境内

現地は、井手町まちづくりセンター椿坂の西隣で、新道開設の際に、遺跡保存のため橋梁が設けられた。また、石橋瓦窯の南西四〇〇メートルの地点で瓦窯の存在が確認され、岡田池瓦窯と名付けられている。井手（堤）廃寺に用いた瓦を焼いた瓦窯である。

⑦玉津岡神社〔綴喜郡井手町東垣内〕

井手（堤）廃寺を見下ろす北東の丘陵上に立地する。社伝によると欽明天皇元年（五四〇）、下照比売《したてるひめ》が玉津岡の南の峰に降臨し、その地を社地としたという。ちなみに下照比売は大国主命の息女となっている。

本殿は一間社春日造の檜皮葺で、蟇股に見返り兎《うさぎ》の彫刻が施されている。脇障子に人物絵（橘大臣か？）が見られる。擬宝珠《ぎぼし》は貞享四年（一六八七）の銘をもつ。本殿と末社の大神宮社は府登録文化財、鎮守の杜は文化財環境保全地域となっている。

玉津岡神社の参道中腹に曹洞宗の地蔵禅院がある。鐘楼脇には享保一二年（一七二七）に植樹されたしだれ桜の古木があり、府天然記念物に登録されている。境内からの木津川流域の眺望はすばらしい。

なお、地蔵禅院参道途中に小野小町《おののこまち》の墓がある。また、玉川上流の「左馬《ひだりうま》ふれあい公園」も見所の一つである。

⑧山吹ふれあいセンターと文化財展示室〔綴喜郡井手町井手二本松〕

井手（堤）廃寺の北方の高台に井手町の図書館などの文化施設が入った山吹ふれあいセンターがある。隣接する自然休養村管理センター内の文化財展示室では、井手（堤）廃寺や石橋瓦窯出土の軒瓦や、町内に点在する古墳の出土資料を見ることができる。

⑨高神社〔綴喜郡井手町多賀天王山〕

高《たか》神社の社伝では、欽明天皇元年に菊理比売神《くくりひめのかみ》が東嶽へ降臨したのを始まりとする。天平三年（七三一）、橘諸兄が現在地に移建したとあって、玉津岡神社の社伝と共通するところが多い。本殿（府指定文化財）は慶長九年（一六〇四）の建立。三間社流造で、蟇股や組物に巧みな装飾が施されている。社宝に木造獅子頭（府登録文化財）、高神社文書（府指定有形文化財）がある。

また、参道前の谷川はホタル公園となっている。

三、その他の社寺・遺跡

今回の歴史散歩では立ち寄らないが、見学地付近にある椿井《つばい》大塚山古墳、平尾城山古墳、蟠満寺の見所について触れておこう。

①椿井大塚山古墳〔木津川市山城町椿井〕

椿井集落の中央部、丘陵の先端を利用して築かれた前期の大型前方後円墳。全長一七五メートル。明治二九年（一八九六）、奈良鉄道（現・JR奈良線）の敷設にあたり、くびれ部を切断。さらに昭和二八年（一九五三）、線路敷拡幅工事によって竪穴式石室と多量の遺物類が出土した。

出土物には内行花文鏡など三面、三十二面の三角縁神獣鏡《さんかくぶちしんじゅうきょう》がある。この古墳から出土した三角縁神獣鏡に同型、同笵関係のあるものが全国に及んでいて、天理市の黒塚古墳と共に初期大和政権の中心的役割を担っていた人物の奥津城《おくつき》とみられている。出土品は国宝に指定されているが、アスピアやましろ（木津川市山城総合文化センター）の特別展示室には、出土鏡の精巧なレプリカが展示されている。

②平尾城山古墳〔木津川市山城町平尾〕

椿井大塚山古墳の北方、平尾集落背後の尾根を利用した西南西向きの全長一一〇メートルの帆立貝型前方後円墳。後円部に竪穴式石室と二基の粘土槨をもつ。三角縁神獣鏡、碧玉製腕飾類が出土した。椿井大塚山古墳に次ぐ前期古墳である。

③蟹満寺〔木津川市山城町綺田浜〕

ＪＲ奈良線棚倉駅の北方一・五キロ。銅造釈迦如来坐像（本尊・国宝）を祀る蟹満寺がある。『今昔物語集』などに記された蟹の恩返しの説話で有名な寺であり、現本堂は瓦積基壇をもつ金堂跡上に建っていることが判明している。

蟹満寺の境内に接して綺原《かんばら》神社がある。祭神の建伊奈太比売《たけいなだひめ》は秦氏《はたうじ》の一族の綺氏《かばたうじ》で、養蚕技術を司った神である。

蟹満寺の東方の谷間には、光明山寺があった。古代山岳寺院の一つで、平安時代に東大寺の別所として創建された。盛時は一二〇カ所の堂舎があったという。近時の事前調査で遺構の一部が検出されている。
光明山寺に関わって、以仁王《もちひとおう》墓や高倉神社などが点在している。

四、まとめにかえて

JR奈良線山城多賀駅から玉水駅までの上井手の台地上に上がると、そこには水田地帯と畑地が広がり、背後の竹林も隅々まで手入れが行き届いているのが目に入る。付近には橘諸兄旧跡地やそれに関係する、天平一二年（七四〇）に聖武天皇を迎えたとされる相楽《さわら》別業地《べつぎょうち》（玉井頓宮・推定塚本遺跡）などが点在している。改めてこの地に立つと、左大臣橘諸兄一族の経済基盤の全貌を確認することができる。

ところで行基は南山城にどのような足跡を残したのであろうか。『天平十三年記』を見ると、救済施設では泉大橋、泉寺布施屋（山城国相楽郡高麗里）の二カ所がある。泉大橋は平城京から東山、北陸道へ繋がる拠点ともいえる場所である。

次に「行基建立四十九院」はどうであったか。天平三年（七三一）、行基六四歳の時に法禅院檜尾（山城国紀伊郡深草郷）、天平一二年、行基七三歳の時に発菩薩院泉橋院（山城国相楽郡大狛村）、隆福尼院（山城国相楽郡大狛村）、他三カ所の記述がある。天平三年に大和国添下郡登美村に隆福尼院がすでに存在しているため、山城の隆福尼院は泉橋尼院の誤記であろうか。

天平一二年に九州で起こった藤原広嗣《ひろつぐ》の乱を境に、行基、橘諸兄、聖武天皇の関係は深まっていく。南山城の地においても、泉大橋の架設工事を通して行基の活動の場も広がったとみられる。

2　巨椋池と宇治川流域の社寺と遺跡

一、巨椋池とは

近鉄京都線の大久保駅をすぎ伊勢田駅から小倉駅に近づくと、水平に走っていた電車が急降下する。そして小倉駅をすぎると広大な水田地帯を突き切る。窓の外には大きな水田区画が碁盤目に走り、稲の刈取りが行われている。ここが巨椋池《おぐらいけ》跡である。

巨椋池は、京都盆地南部の低湿地に広がっていた淡水湖である。周囲約一六キロ、水深約一メートルで、七九四ヘクタールあまりの大きさをもっていた。古くは宇治川・木津川・桂川の三川がこの低地に流入し、下流の淀川への遊水地の役割を果たしていた。この地域の人々は巨椋池と共存共栄して生活をし、主な生業《なりわい》としては農業・漁業・水運・交通などがあった。

巨椋池周辺に人が住み着いたのは弥生時代の前期（紀元前三世紀）から中期頃で、宇治

1　ありし日の巨椋池（写真提供：近畿日本鉄道株式会社 1928年撮影）

市羽戸山、乙方、若林の各遺跡や久御山町市田斉当坊遺跡、京都市伏見区下鳥羽遺跡、大山崎町下植野南遺跡などで、土器や石器、農具が出土している。人々はいつ襲ってくるかもしれない水害に怯《おび》えながらも生活を続けていた。次の古墳時代も湖畔に集落が営まれ開拓が進められたが、宇治市街地遺跡の調査では渡来系陶質土器の出土が見られることから、開拓には渡来系の技術が援用されたとみられる。

巨椋池の干拓事業は、宇治川と木津川の付け替え工事から始まった。文禄二年（一五九三）伏見城を築造した豊臣秀吉は、翌三年に槇島堤《まきしまつつみ》、次いで文禄堤を構築した。木津川の付け替えは寛永一四年（一六二七）から淀城主の永井尚政によって行われた。これらの事績については後述する。

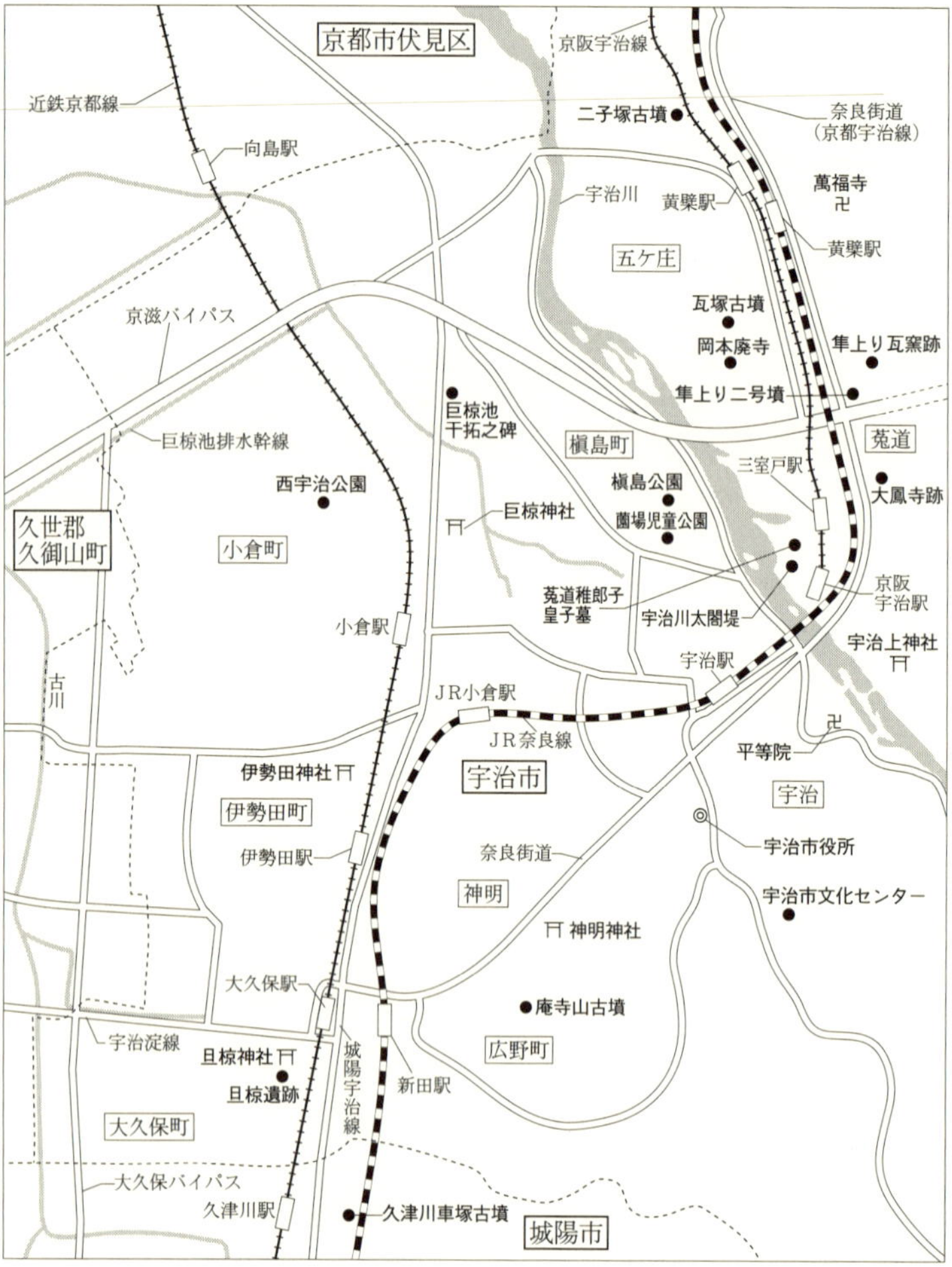

巨椋池と周辺の古社寺・遺跡

二、巨椋池をめぐる社寺と遺跡

①旦椋神社〔宇治市大久保町北ノ山〕

近鉄大久保駅の南西一五〇メートルの地点に旦椋《あさくら》神社がある。大久保の地は宇治丘陵の南西、通称「栗隈山《くりくまやま》」から西方に延びる扇状地の西端に位置しているため、古代から栗隈郷に比定され、そこにある古社が『延喜式』の神名帳にみる久世郡「旦椋神社」に比定された。この社は以前、村域の西端にあったが、焼亡したので天文一九年（一五五〇）に現在地に移したと伝えられる。

『兼右卿記《かねみぎきようき》』には、永禄九年（一五六六）八月二三日条に山城国久世郡大窪村天神社の新社造立の記事があり、近時発見された本殿の棟札にも同じ記述があった。祭神は高皇産《たかみむ》霊神《すびのかみ》、神皇産霊神《かんみむすびのかみ》、菅原道真を祀る。もとは地元の産土神を祀っていたものであろう。

②旦椋遺跡〔宇治市大久保町北ノ山〕

旦椋神社の参道の西に接して建てられた市営住宅の事前調査で、六世紀後半の古墳と七、八世紀にかけての住居跡が検出され、古墳の周濠や住居跡から大量の土器類が出土している。

現在、市営住宅の前に旦椋遺跡についての案内板と石碑が建っている。

③栗隈大溝の推定地

先に紹介した旦椋神社は「栗隈社」とも呼ばれていた。この地域は栗隈郷、また栗隈県の中心地であった。

『日本書紀』の仁徳天皇一二年（三二四）冬一〇月条に、山背の栗隈県に大溝を掘り、田を潤したとあり、また、推古天皇一五年（六〇七）是歳冬条にも同様の記事がある。栗《くり》隈大溝《くまのおおうなで》開削が仁徳朝か推古朝か意見が分かれるが、この地の豪族栗隈氏が中央の援助を得て大規模開発を進めたことが読み取れる。

ところで歴史地理に詳しい山田良三氏は、古図より推測して久津川車塚《くつがわくるまづか》古墳（城陽市平川）の北方から大久保駅の南側を抜け、伊勢田の西側を北進する名木川を栗隈大溝と推定している。

④伊勢田神社〔宇治市伊勢田町若林〕

近鉄伊勢田駅から北北西三五〇メートル、巨椋池を見下ろす扇状地の端部に築かれた古社である。この神社の祭神は『山城国風土記』逸文にある大歳御祖神《おおとしみおやのかみ》の御子八柱木とされており、柱木は神の依代とみなされている。現在の祭神は万幡豊秋津比売《よろずはたとよあきつひめ》、天照大神、多《た》力雄命《じからおのみこと》となっている。古来、産土神を祀っていた旧社に、伊勢皇大神宮の料田が設けられていたことから、伊勢の神を祀るようになったといわれている。また『延喜式』にみられる「奈癸園」がこの地にあって、宮廷で使用する野菜類を栽培していた。

⑤巨椋神社〔宇治市小倉町寺内〕

巨《お》椋《ぐら》神社のある地は、巨椋池干拓以前の地形を復元してみると、池に向かって半島状に突き出した場所である。ここは古代の巨倉荘で、小倉村の地名もこれに由来している。村の北寄りに春日明神を勧請した巨椋神社がある。当社は『延喜式』の神名帳にある「巨椋神社」にあたるとみられている。祭神は武甕槌神《たけみかづちのかみ》、経《ふ》津主神《つぬしのかみ》、天児屋《あめのこや》根神《ねのかみ》、比《ひ》咩《め》神《がみ》である。祭神からみると、春日大社の神々を祀っていて、藤原氏に関わる荘園と関係する。

巨椋池の東部に、豊臣秀吉によって巨椋堤が築かれ、その堤上をほぼ直線的に大和街道が通じた。その後、昭和三年（一九二八）、奈良電気鉄道（現・近鉄京都線）の開通によって様相は一変した。

2　巨椋神社の参道と社殿

なお、巨椋神社に隣接した小倉公民館には、玉露《ぎよくろ》発祥の地を顕彰する大小二つの碑がある。

⑥槇島城跡〔宇治市槇島町北内・薗場〕

広大な巨椋池も宇治川が運ぶ土砂によって各所に中洲ができた。その一つが槇島である。槇島の東南部には槇島城（居館）があった。城は宇治川の流れを濠として活用した水城で、足利将軍家に仕えた槇島氏の居城であり、明応九年（一五〇〇）には細川政元の支配下となった記録も残されている。

槇島城を有名にした事件は、天正元年（一五七三）、織田信長と袂を分けた一五代将軍足利義昭がこの城に籠城し、反抗したことである。信長の大軍の下に一日で落城し、義昭は城主の槇島昭光を伴い河内、紀伊、備後と流浪することになった。足利幕府滅亡の日はここで迎えたともいえる。

その後、文禄三年（一五九四）、豊臣秀吉は槇島城を廃城にして、使える資材は伏見城の築城に活用した。

『山城名勝志』によると槇島城は、「今城旧跡茶園となる。方二町斗一段高地也」とある。現在、槇島城跡を示すものとして、薗場児童公園には槇島城跡碑と案内板が、槇島公園には槇島城記念碑と案内板がそれぞれ建立されている。

⑦巨椋池干拓地と記念碑〔宇治市槇島一ノ坪〕

巨椋神社から北に進めば、自然と巨椋堤と並行して走ることになる。途中で西に向きを変えれば広大な水田地帯が広がっている。

巨椋池干拓之碑　高さ二・六メートル、幅一・五メートルの巨大な石碑で、まず上部に横書きで「巨椋池干拓之碑」とあり、その下に「此地モト巨椋池ト称シ、往古宇治木津桂三川ト連レル一大湖沼ニテ……」に始まる碑文である。巨椋池土地改良区事務所の前に建ち、巨椋池の歴史景観から説き起こして、干拓の起因と経過、干拓による実績を丁寧に記す。篆額は農林大臣井野碩哉、撰文は組合長の池本甚四郎、補正は京都大学教授の新村出《しんむらいずる》、書

3　巨椋池干拓之碑

は吉田芳男（松窓）である。

西宇治公園　西宇治公園一帯は旧巨椋池の中心部で、見渡す限り水田が広がっている。〔宇治市小倉町蓮池〕

昭和二八年（一九五三）九月二五日、台風一三号が近畿地方を襲った。宇治市でも宇治川が氾濫し、旧巨椋池地域も水没した。長年の労苦と、巨額を投じた大事業が瓦解した瞬間であった。しかし復興工事が急ピッチで進められ、宇治川の強固な築堤や天ヶ瀬《あまがせ》ダムの建設により、元の姿を取り戻すことができた。現在、公園の西側には巨椋池についての説明板、体育館の壁面には水没当時の水位を示すプレートが取り付けられている。

⑧庵寺山古墳〔宇治市広野町丸山〕

近鉄大久保駅前から宇治の市街地に向かって北東に進む奈良（旧大和）街道（宇治淀線、京都宇治線）があり、奈良街道を北東に進むと、京都府立宇治支援学校に至る。校門付近

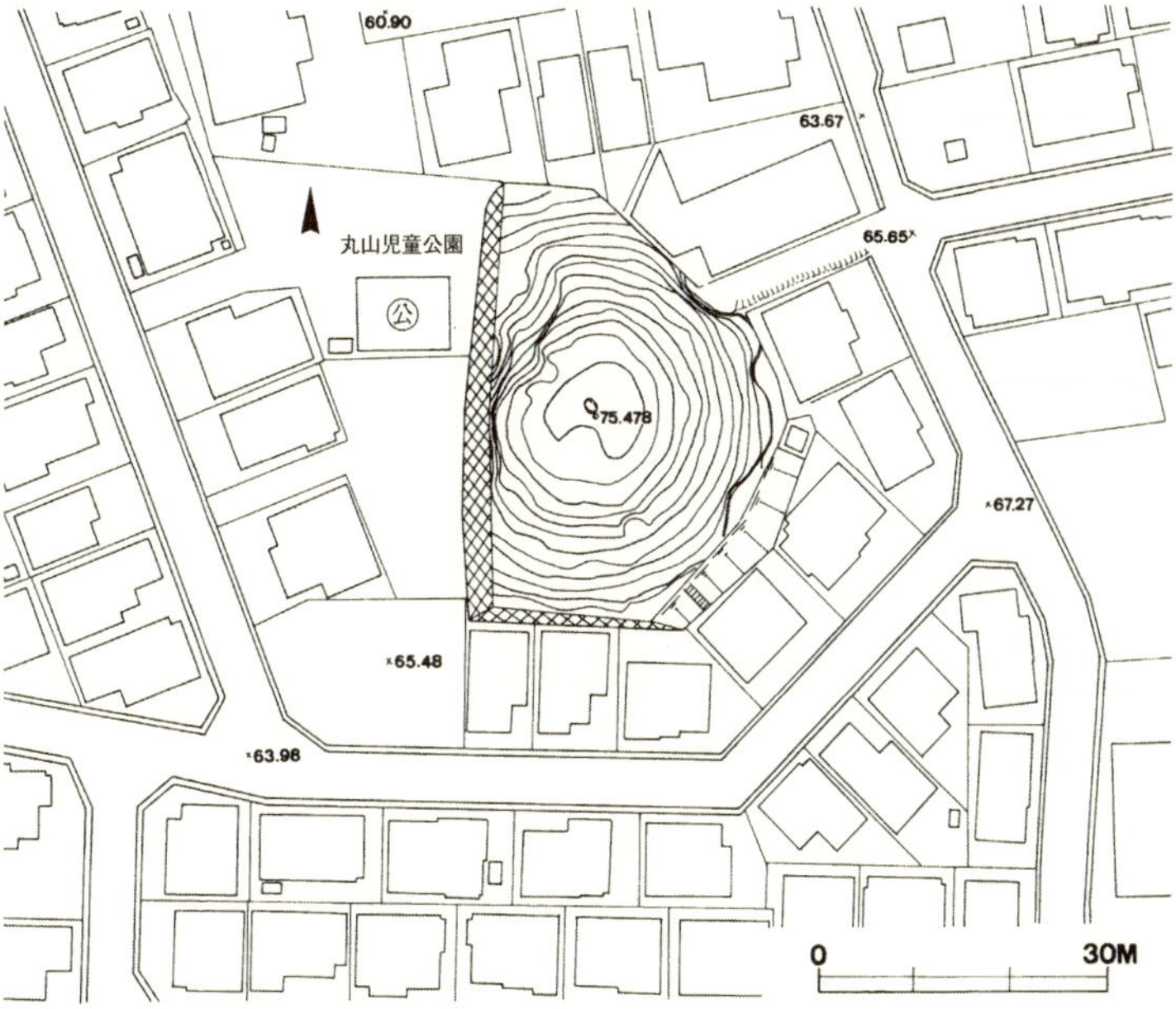

4　庵寺山古墳の周辺地形図（平成元年）
（『宇治市文化財発掘調査概報 第15集』〈宇治市教育委員会〉より）

は一里山の地名が残っており、広野一里塚のあったところである。東に折れて大きな住宅地に入り、迷路のような住宅地の市道を高所を目指して進むと、丸山児童公園があり、公園の背後が庵寺山古墳である。

住宅地のランドマークになっており、頂上から三六〇度の大パノラマを眺められるが、通常は上ることができない。径五八メートル、高さ九メートルの大円墳で、埋葬施設は粘土槨で、葺石と円筒埴輪と、蓋、靫、草摺などの形象埴輪が出土している。この古墳を久津川古墳群の東北の一基とみるか、別系統とみるか、意見の分かれるところである。

⑨神明神社〔宇治市神明宮西〕

庵寺山古墳から再び奈良街道に戻り、道なりに北東に四〇〇メートルほど進むと、東側には広大な神明の杜がある。一ノ鳥居にある由来をみると、「栗隈神明」また「くりこのしんめい」と呼ばれていたとある。

白鳳三年（六七四）四月、天武天皇の詔によって栗子山に神殿を造り、市杵嶋比売命《いつきしまひめのみこと》を祀るとある。地勢をみると、ここは大和と京・近江を結ぶ峠の頂上部で、難所の一つであった。そのため、峠の神を祀る祭祀場があったところと思われる。

大木や古樹が繁茂する境内に、伊勢の内宮・外宮と同じ唯一神明造の本殿を建立して、内宮には天照皇大御神、豊秋津姫命、手力雄命を、外宮には豊受大神、瓊瓊杵命《ににぎのみこと》、天太玉命《あめふとだまのみこと》、天児屋根命を祀っている。その他の末社、弁天社、羽拍子社がある。

神明神社から奈良街道を道なりに北東に進むと、宇治市役所が見えてくる。市役所を目印に南東に進めば宇治市文化センターがあり、図書館や宇治市歴史資料館がある。ＪＲ宇治駅周辺は古い街並みがよく残っている。源氏物語を題材にした観光案内に従って歩くとすぐ宇治川だ。

⑩菟道稚郎子皇子墓〔宇治市菟道丸山〕

京阪宇治線宇治駅から線路に沿って北西に下ると、菟道稚郎子《うじのわきいらつこ》皇子墓を取り囲む杜が見えてくる。

菟道稚郎子は、応神天皇と木幡《こはた》地域に勢力を持っていた和邇《わに》氏系の宮主宅比売《みやぬしやがひめ》との間に生まれた皇子で、異母兄に大山守命と大鷦鷯尊（後の仁徳天皇）がいる。弟であるが立太子されていた菟道稚郎子皇子は即位を辞退し、大鷦鷯尊《おおさざきのみこと》に即位することを促した。その間、大山守命の反乱などもあり、最終的には辞退し続けた菟道稚郎子皇子の自殺という形で、仁徳天皇の即位への道が開かれた。宇治地方の有力豪族が大王たちの勢力下に組み込まれていく過程を示した説話である。

この陵墓については、『「天皇陵」総覧』（一九九四年刊）では宇治津の貯木場掘削土の盛土を墳丘に見立て修景して陵墓に治定したと推定している。

⑪太閤堤跡〔宇治市菟道丸山〕

宇治川は豊臣秀吉による大治水工事によって大変革した。槇島堤・薗場堤・巨椋堤などで、総じて「太閤堤」と呼ばれている。

京阪宇治駅西側の区画整理事業に伴い、弥生から古墳時代にかけての乙方《おつかた》遺跡の範囲確認調査を実施したところ、菟道稚郎子皇子墓のすぐ東側に、かつての宇治川右岸堤防の一部が良好な状態で検出された。護岸は幅五・五メートル、高さ二・二メートル、長さ七五メートル分が残っていた。護岸の構造は基底に松杭を打ち、その上に基礎の捨石を行い、犬走りをとったあと、割石を三〇度の傾斜角で面を整えて積み上げている。また石出と呼ばれる台形状の突出部を設け、水勢を弱める工夫がなされていた。

⑫隼上り瓦窯跡とその周辺〔宇治市菟道東隼上り〕

岡本廃寺から東方へ約八〇〇メートルの位置に隼上《はやあが》り瓦窯跡がある。東方から延びる尾根の南斜面に築かれた四基の半地下式登窯で、長さ一〇メートル、幅二メートルの大きさである。須恵器と瓦を焼いた兼業窯で、ここで焼かれた瓦類は、五〇キロも離れた飛鳥の豊浦寺に運ばれていたことが判明した。窯跡は造園技法で整備され、保存されている。七世紀前半には後の北陸道にあたる古道の整備や、宇治川・巨椋池・木津川を使った水運の発達もあり、資材の調達には遠距離も厭わなかったのであろう。

隼上り瓦窯跡の南側には隼上り古墳群があった。三基一群の円墳群で、最大の二号墳は直径三〇メートル、埋葬施設は横穴式石室をもっていた。この石室は現在、京滋バイパス入口の側道部分に移設されている。

また、隼上り古墳群の南方五〇〇メートルの地点に大鳳寺跡がある。ここは宇治郡宇治郷の南端になる。発掘調査の結果、西に金堂、東に塔、北に講堂をもつ法起寺式伽藍配置であることが判明した。出土瓦は川原寺式軒瓦であるが、文様の一部に退化傾向がみられるので七世紀後半期の年代と考えられる。

⑬岡本廃寺〔宇治市五ケ庄岡本〕

五ヶ庄岡本の地は、宇治川畔を見下ろす背後の台地上で、京や北陸への古道が通っていたところである。

寺跡は約一〇〇メートル四方の中に、二列の掘立柱造りの回廊状施設があり、東に金堂、西に塔を配した法隆寺式伽藍配置をもっていた。講堂は金堂の北側にあり、掘立柱構造で瓦葺でなかったことが判明している。また、金堂と塔には法隆寺系の軒瓦が使われていた。寺の建立者については岡山公があてられている。南側を通る古道と、眼下に広がる宇治川・巨椋池の水運を司っていた有力豪族である。近くの日比田児童公園に打ち欠かれた塔心礎が残され、石碑と説明板が設けられている。

また、岡本廃寺から北方一五〇メートルの水田内に瓦塚古墳がある。須恵質埴輪や出土した鉄鏃などから五世紀後半の築造と推定されている。

⑭二子塚古墳〈宇治市五ケ庄大林〉

二子塚古墳はこの地方最大の大形前方後円墳で、二重の周濠をもつ。墳丘は全長一一二

5　岡本廃寺の説明板と心礎

6　二子塚古墳の測量図（昭和46年）
（『宇治市文化財発掘調査概報 第15集』〈宇治市教育委員会〉より）

メートル、二段築成である。後円部は土取りによって大きく破壊されているが、発掘調査の結果、最下部に礫石によって基盤を造り、その上に横穴式石室を築いていたことがわかった。出土した埴輪の胎土分析から、高槻市郡家新町にある今城塚古墳のものと同種であることが判明している。

三、まとめにかえて

広範な活動を行った行基について、第二章「行基の足跡を訪ねて」で四節にわたって遺跡探訪を行った。その後も山城国の木津川右岸地域の行基の動向にも注意した。この地域については、前節「南山城の古社寺と遺跡」の中で、それとなく見え隠れする行基の姿を素描することができた。

今回は山城への古道に立ち塞がっていた巨椋池に焦点をあてた。巨椋池と周辺住民の生活をみながら、これを迂回して、北東の宇治方面から山科、近江に繋がっていく古道と関連遺跡を見学地とした。遺跡探訪の中には、壬申の乱に関わる遺跡も登場してくる。近江京を退出した大海人《おおあま》皇子は、山科、宇治、井手、泉津を急いで走り抜けた。大海人皇子側で協力した有力豪族たちは、壬申の乱の後、論功行賞の形で天武朝の支援を得て寺院を造営した。川原寺式瓦当文様をもつ大鳳寺跡、法隆寺式軒瓦をもつ岡本廃寺の建立者も、このような関係氏族であった。

3　京都伏見丘陵の古社寺と古墳

一、はじめに

奈良盆地の東を走る山辺の道を北上すると京都府に入り、木津・井出・多賀・城陽をすぎて、宇治川の遊水地である巨椋池に突き当たる。現在は、巨椋池の東辺を埋め立てた槇島堤を走る新大和街道と、城陽から宇治丘陵の北裾を通って宇治橋に至る旧大和街道がある。旧道を北進すれば醍醐・山科を経て近江はすぐそこだ。

今回の遺跡探訪では、巨椋池北にあたる伏見丘陵の社寺と史跡を見学する。

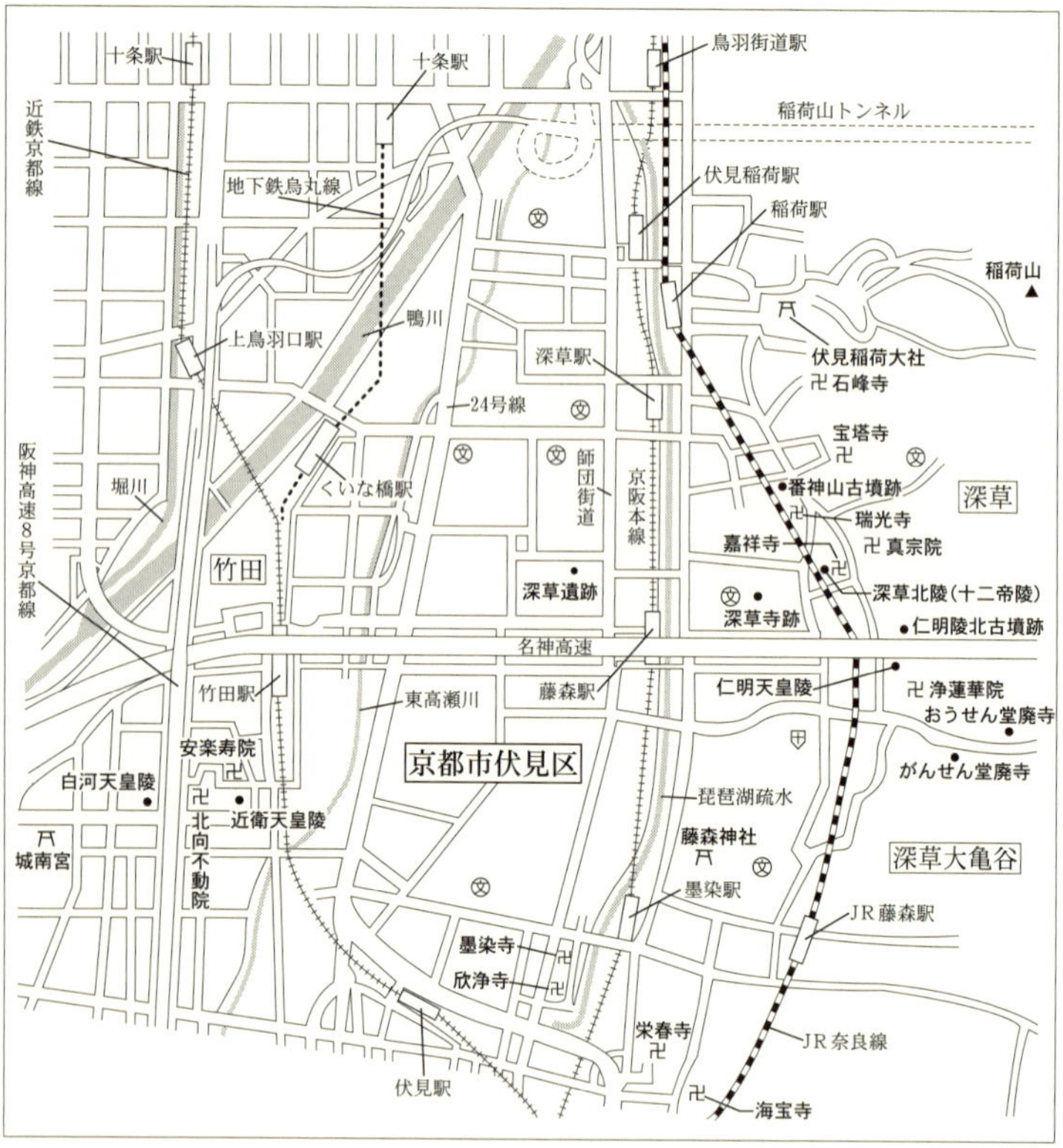
十条駅
十条駅
鳥羽街道駅
稲荷山トンネル
近鉄京都線
地下鉄烏丸線
伏見稲荷駅
稲荷駅
稲荷山
上鳥羽口駅
鴨川
伏見稲荷大社
石峰寺
深草駅
24号線
宝塔寺
阪神高速8号京都線
師団街道
京阪本線
番神山古墳跡
深草
堀川
くいな橋駅
瑞光寺
嘉祥寺
真宗院
竹田
深草遺跡
深草北陵（十二帝陵）
深草寺跡
仁明陵北古墳跡
名神高速
竹田駅
東高瀬川
藤森駅
仁明天皇陵
浄蓮華院
おうせん堂廃寺
安楽寿院
京都市伏見区
がんせん堂廃寺
白河天皇陵
近衛天皇陵
北向不動院
琵琶湖疏水
城南宮
藤森神社
深草大亀谷
墨染駅
JR藤森駅
墨染寺
欣浄寺
栄春寺
JR奈良線
伏見駅
海宝寺

伏見深草周辺の古社寺と遺跡

二、稲荷山と伏見稲荷大社

①伏見稲荷大社〔京都市伏見区深草藪ノ内町〕

伏見稲荷大社には、ＪＲ奈良線稲荷駅か京阪本線の伏見稲荷駅で下車する。裏参道両側に並ぶお店は正月のような賑わいである。多くの外国人観光客が訪れるため、案内板も日本語・英語・中国語・韓国語と国際化に対応している。

『山背国風土記』逸文によると、和銅四年（七一一）、秦中家忌寸《はたのなかついえのいみき》らの遠祖・秦伊呂巨《いろこ》（具《ぐ》）が稲荷山の山裾を開拓し「稲」を栽培して栄えていた。ある時、餅を的に矢を射たところ白い鳥に変化して山の峰に飛んで行った。そこを見に行くと稲が生えていたので〝イネナリ〟となり、これがつづまって〝イナリ〟の社名となったと伝えられている。全山信仰の対象として稲荷社を祀る過程を暗示している。

伏見稲荷大社の祭神は宇迦之御魂大神《うかのみたまのおおかみ》（下社・中央座）、佐田彦大神《さたひこのおおかみ》（中社・北座）、大宮《おおみや》能売大神《のめのおおかみ》（上社・南座）、田中大神（下社摂社・最北座）、四大神（中社摂社・最南座）であり、これらを合わせて「稲荷大神」と呼び、五穀豊穣や殖産興業、商業の神として崇拝されて

1　伏見稲荷大社 楼門

いる。また、稲荷大神のお使いとして狐がシンボル化されているが、御《み》食《け》津《つ》神《かみ》を三狐神と付会させ稲荷の神の眷属とする俗信がもとになり生まれたものである。まずは境内の主な建物を説明していく。

楼門（重文）　境内に入ると天正一七年（一五八九）建立の楼門がまず目にとまる。重層の大建築で、左右の回廊は江戸中期の再建と伝わる。

本殿（重文）　五《ご》間《けん》社《しゃ》流《ながれ》造《づくり》の大きな建物で、通称「稲荷造」と呼ばれている。向拝は江戸時代に建造され、桃山風の華麗な蟇股をもつ。

権殿（重文）　本殿左側にある同型式の建物。本殿の他、社殿の修復の際、ここに神璽を遷《うつ》して祭事が執り行われる。

神楽殿と御茶屋　本殿右方に神楽殿、その後方に御茶屋（重要文化財）がある。神楽殿は能舞台の様式をもつ。左側に橋掛り、右側を本舞台とする。後ろの鏡板には大振りの影向松を描く。御茶屋は現在非公開であるが、御水尾上皇より下賜された古御所の一部の書院造に茶の趣味が加えられた建物である。

荷田春満旧宅（国史跡）　楼門の南側にあり、隣りには東丸《あずままろ》神社がある。荷田春満《かだのあずままろ》は江戸時代中頃の稲荷神社の祠官で国学者。古典や国学を研究し『万葉集訓釈』『日本書紀訓釈』などを著わした。国学者・賀茂真淵の師としても知られる。東南二〇〇メートルにある「ぬりこべ地蔵尊」の東側、在山墓地の奥まったところに、荷田（羽倉）一族の墓所がある。

奥宮（重文）　権殿の左側から進むと、多数の摂末社が祀られていて、奥宮へと参道が続く。奥宮は天正年間（一五七三～九二）の建立で、本殿と同じ流造である。奥宮をすぎれば、朱塗りの鳥居が稲荷山に向かって続く。鳥居には造立年月日と寄進者の名前が書かれている。たくさんの鳥居をくぐりぬけると成就可否を占う「おもかる石」のある奥社に着く。

三、稲荷山古墳群と経塚

信仰として稲荷山の標高一九〇～二三〇メートルの峰々をたどる「お山巡り」が行われている。この各峰々から古墳時代前期（四世紀中～末頃）の祭祀遺跡としての古墳および

2　三ノ峰（下社）の「お塚」

経塚の遺物と遺構が発見された。要約すると、以下のようになる。

一ノ峰古墳（上社）　全壊していて実態は不明であるが、周辺地形から大形円墳と推定されている。

二ノ峰古墳（中社）　後円部は神々を祀る「お塚」と呼ばれる石碑群が建立され、形状は不明確である。しかし前方部状の地形から全長七〇メートル前後の前方後円墳と推定されている。かつて仿製方格規矩《きく》鏡が出土した。

三ノ峰古墳（下社）　頂上部は「お塚」で埋め尽くされているが、径五〇メートルの円墳と考えられている。頂上部の地下に竪穴式石室が埋設・埋没していて、船載二神二獣鏡、捩《ねじ》文《もん》鏡が出土したといわれている。

稲荷山経塚　神々に神饌を供えた御饌石のあ

る御膳谷《おぜんたに》奉拝所から山上へ少し進むと、二階建の家屋があり、近くに福丸《ふくまる》大神の鳥居が立つ。その鳥居の奥にある高まりが経塚で、頂上の石碑には「明治四十四年　経塚叢堀趾」「昭和四十一年五月吉日建立　伏見稲荷大社」とある。明治四四年（一九一一）、この地点から小石室が発見され、おびただしい数の遺物が出土した。経巻多数（軸木で一六本分）・白銅製経筒一口・陶製筒形外容器・和鏡五面・砂金入り鍍金銀製合子・青磁合子・銀塊・金葉五枚・玉類・皿・短刀・銅製花瓶・銅製簪・渡来銭（開元通宝〜政和通宝）などで、一二世紀後半のものと推定されている。

四、深草周辺の古社寺

①石峰寺〔京都市伏見区深草石峰寺山町〕

伏見稲荷大社から南へ向かい、民家の間を縫うように通り抜けると、石峰寺《せきほうじ》に着く。参道入口は分かりにくいが、美しい石段と通称「竜宮造」の総門が望まれる。

百丈山石峰寺は、宝永年間（一七〇四〜一一）、黄檗宗《おうばくしゅう》第六世の賜紫千呆《せんがい》禅師によって建立された禅道場で、本尊は薬師如来である。この寺を有名にしているのは、江戸時代中期の画家・伊藤若冲《じゃくちゅう》がここに草庵を結んだことにある。総門を入るとすぐ、伊藤若冲の墓「斗米庵若冲居士墓」と幕末三筆の一人・貫名《ぬきな》海屋《かいおく》の筆塚がある。

若冲は「群鶏図」などが著名であるが、生涯は恬淡寡欲、米一斗をもって一画を描く生活を行った。俗塵を避け、この地で五百羅漢の下絵を描き、石工に彫らせた石仏が本堂裏の竹林の中に点在している。また釈迦の一代記、諸菩薩、羅漢と回遊式に配置されているのは理解しやすい。

②宝塔寺〔京都市伏見区深草宝塔寺山町〕

石峰寺から少し西に降り、南へ進めば宝塔寺に着く。深草山と号し、宗派は日蓮宗である。総門（重文）の四脚門を入ると、西側に霊光寺をはじめとする塔頭《たっちゅう》や「日像荼毘処」の石碑がある。中門（仁王門）を通ると正面に本堂（重文）が聳え、右手上に室町時代の建立で、京都市内に現存する最古の多宝塔（重文）が建つ。墓碑の中に建つ姿は、堂内に安置されている宝塔をイメージさせる。本尊は釈迦如来、左右に日像・日蓮両上人像を安置する。寺の由緒については、京都に入る要衝の七口に安置されている石塔婆による。なお、塔頭の霊光寺には将棋の二世名人・大橋宗桂《そうけい》（一五五五～一六三四）と棋聖・天野宗《そう》歩《ほ》（一八一六～五九）の墓がある。

③番神山（社）古墳跡〔京都市伏見区深草宝塔寺山町〕

宝塔寺を西に下ると広場があり、付近の名所旧跡の説明板が立っている。このあたりが番神山古墳のあったところで、周濠をもつ全長五〇メートル、西向きの前方後円墳であったといわれている。墳丘上に三十番神を祀っていたことが古墳名の由来という。

④瑞光寺〔京都市伏見区深草坊町〕

宝塔寺から山沿いの道を南進するとすぐ瑞光寺である。日蓮宗で元政庵と号し、本尊は十界大曼荼羅。明暦元年（一六五五）、元政上人が草庵を営んだのが草創と伝え、『山城名勝志』では「是極楽寺薬師堂遺址也」とある。元政上人にふさわしい茅葺の小さな本堂が、早咲きのしだれ桜の後ろに佇《たたず》んでいる。JR奈良線を地下道で渡ると、線路脇の南側に格子戸があり、その中が元政上人の墓所になっている。二坪ほどの小さな土饅頭で、その上に数本の呉竹《くれたけ》が植えられている。

⑤真宗院〔京都市伏見区深草真宗院山町〕

瑞光寺の東側、少し広くなった道路を南下すると真宗院である。寺は浄土宗西山深草派、根本山と号す。由緒書によると、開山の円空立信上人は城南深草の地で教化伝導を行っていたが、この霞谷の清流と静寂に心を打たれ、小庵を結んだのがはじまりという。本堂の龍護殿に阿弥陀如来像を安置し、多数の寺宝が蔵されている。

寺院裏山の日観亭跡から向日町丘陵が遠望でき、派祖の三鈷寺証空上人廟（西京区大原町）や西山に沈む夕日を遥拝することができる。なお、円空上人廟の近くには実験医学の先駆者で、刑死体を解剖して、その結果を日本最初の解剖図譜『蔵志』に著した山脇東洋（一七〇五〜六二）とその一族の墓所がある。

⑥嘉祥寺〔京都市伏見区深草坊町〕

3　嘉祥寺 法華塔

真宗院から道を隔てて西に嘉祥寺《かしょうじ》がある。天台宗で、「深草聖天」の寺名で知られている。本尊は歓喜天、脇堂には十一面観音像を祀る。寺伝では「嘉祥三年（八五〇）二月、仁明天皇の崩御あるや、太子道康親王嘉祥寺を建て給《たま》ひし」とする。異説はあるが、仁明天皇菩提寺として創建されたものであろう。開基は空海の弟子・真雅上人である。平安末期の兵火にあって焼失した。後に嘉祥寺西院、貞観寺の名前で復興された。現在の寺域は深草北陵（十二帝陵）に隣接した安楽行院跡に、空心僧都が寛文二年（一六六二）に再興したものである。また、十二帝の供養のために建立された石造の法華塔が深草北陵の壁に接して建つ。

⑦深草北陵（十二帝陵）〔京都市伏見区深草坊町〕

後深草天皇など一二人の天皇が葬られているため、「深草十二帝陵」と呼ばれることが多い。陵内に建つ安楽行院法華堂は慶応年間（一八六五〜六八）の建立で、歴代の天皇の分骨が納められている。

⑧深草寺跡〔京都市伏見区深草僧坊町〕

深草北陵の前からJR奈良線を越え西へ進むと、聖母女学院の藤森キャンパスの校庭横（北側）に着く。ここを南に進むと、京都市立深草中学校裏門に突き当たる。この付近一帯が深草寺跡である。

深草中学校の五角形の校舎が建設された時、採集された飛鳥時代の土器類をはじめ、奈良・平安時代の瓦類が多数出土した。また、名神高速道路橋脚建設時にも白鳳期の瓦類が出土している。

⑨深草弥生遺跡〔京都市伏見区深草西浦町〕

深草寺跡からさらに西に進み、京阪本線を越えたあたりが深草弥生遺跡である。稲荷・深草山の扇状地に広がる弥生時代中期前半から後期にかけての初期農耕集落の一つで、各種の土器類と、石斧・石庖丁・石鏃などの石製品、鍬・鋤などの木製品が出土した。遺跡の中心地の一画、ＮＴＴ西日本・深草別館の北東角に「深草弥生遺跡」の石柱と説明板が立っている。

⑩仁明天皇深草陵〔京都市伏見区深草東伊達町〕

名神高速道路に沿って東上すると、住宅地の一画に土塁を方形にめぐらせた陵墓がある。これが仁明天皇深草陵である。仁明天皇は嵯峨天皇の皇子で、母は檀林皇后・橘嘉智子、嘉祥三年（八五〇）三月二一日に清涼殿で没した。『続日本後紀』には、山城国紀伊郡深草山陵に遺制に基づき、薄葬を行ったと記す。また、炎旱時には山陵使を派遣して、祈雨の修法を行ったことが見える。付近には仁明陵北古墳、けんか山古墳がある。

また、近くには浄蓮華院があり、この寺の裏山に横穴式石室の谷口古墳がある。桓武天皇陵の伝承をもち注目されたが、落石の危険があるため、現在は見学できない。

⑪おうせん堂廃寺・がんせん堂廃寺〔京都市伏見区深草谷口町〕

名神高速道路の南側に古道が東西に走っている。ここは深草・小栗栖、山科へ抜ける重要ルートであった。その一部は現在、府道三五号大津淀線となっている。ゆるやかに折曲する谷道をたどって、伏見丘陵の鞍部を越えてゆく。ここは地名も谷口町である。

前述の古道を東に進むと、左手（北側）にある住宅地がおうせん堂廃寺である。昭和初期から開発が進み、奈良～平安時代にかけての多量の瓦や土器類、仏像破片、そして建物遺構や塔心礎とみられる礎石も検出されている。この寺院跡を行基関連寺院の法禅寺とみる意見が強い。

がんせん堂廃寺は、標高七五メートルの丘陵上にあり、おうせん堂廃寺から府道三五号線を越えた南西の方向になる。平安時代前期～中期の瓦類、緑釉陶器、須恵器、土師器類の出土が多く、皇朝十二銭の饒益神宝も出土した。この廃寺は伴大納言の道場、報恩寺に擬せられたが、不明のまま消滅した。

4　藤森神社 本殿（写真提供：藤森神社）

⑫藤森神社〔京都市伏見区深草鳥居崎町〕

街道を西に下り、新大和街道を南進すれば、藤森《ふじのもり》神社はすぐそこだ。藤森神社は深草郷内に祀られていた真幡寸《まはたぎ》神社・藤尾社・塚本社など数社を中世になって合祀したものと考えられている。社伝では神功皇后が朝鮮遠征から帰国した後、この地に旗と盾を納めたことにはじまるとされる。現在は「学問・勝運と馬の神社」として信仰を集めている。また、藤森祭（深草祭）は毎年五月五日に神幸祭、武者行列、駈馬神事などが行われる神事である。

由緒書よれば、祭神は本殿（中座）に素戔嗚尊《すさのおのみこと》・別《わけ》雷命《いかづちのみこと》・日本武尊・応神天皇・仁徳天皇・神功皇后・武内宿禰《たけしうちのすくね》の七柱、東殿（東座）には天武天皇と舎人《とねり》親王の二柱、西殿（西座）には早良親王と井上内親王の二柱を祀るという。

社殿 本殿は切妻、柿葺《こけらぶき》。正徳二年(一七一二)、中御門《なかみかど》天皇より賜《たまわ》った宮中内侍所の建物と伝える。拝殿は本殿とともに御所より賜ったもので、割拝殿として著名である。大将軍社・八幡宮社(重文)は本殿横にある二棟の建物で、ともに一間社流造、柿葺。特に大将軍社は平安遷都の時、王城鎮護のため京域の西方に祀られた諸社のうちの一社といわれ、古来方除の神として信仰を集めている。

五、まとめにかえて

伏見丘陵の山辺道を歩いてみた。木津から城陽地域でもみてきたが、古代の集落や古墳、社寺が、「古道」という一本の線で繋がり発展してゆく過程が明らかにみえ、南北道路は直線道路としての新大和街道(伏見街道)に集約されていく。しかし、ここでは奈良時代以前の姿に焦点を絞ろう。

古い時期の大和街道は宇治橋を渡り、宇治五ヶ庄にある岡本廃寺や二子塚古墳の西辺を北進する旧大和街道と、宇治川に沿って西に下り六地蔵付近で丘陵に入り、桃山丘陵を横断して藤森神社に出てくる大亀谷越えがある。しかしこの地域では、北方五〇〇メートルに東西に走る大津街道(現在の大津淀線)を重視する必要がある。この街道は深草谷口から勧修寺・大野・大宅を通り大津に至っている。

また、「行基建立四十九院」を南山城地域について考えてみると、南山城では法禅院檜尾、泉福院、布施院、布施尼院の四カ所がある。法禅院檜尾は田中重久氏などは、おうせん堂廃寺に比定している。次に泉福院などの三院は、山城国紀伊郡石井村となっている。吉田靖雄氏の研究によると、石井村は『和名抄』の石井郷にあたる。それは宇治川右岸流域の上三栖他四村にあたり、宇治川に面した宇治大橋から観月橋に挟まれた地域とみる。つまり中書島から横大路下三栖村に該当する。ここでも、宇治川の氾濫原を避けるように東西に走る古道に設けられた布施屋の付属施設である可能性が強い。深草谷口町から西伊達町（北方に深草廃寺）から下鳥羽・淀・山崎に至る巨椋池の北岸を巡る最短ルートが重視されていたためであろう。

4　木幡と伏見・桃山丘陵を歩く

一、はじめに

稲荷山歴史散歩に引き続き、今回は木幡と桃山を歩く。本章の「2　巨椋池と宇治川流域の社寺と遺跡」とあわせて一つの内容となる。平城京を発する北陸道を北進して宇治川を渡り、山科盆地を縦断すると近江はすぐそこだ。

私は北陸道と重複する旧大和街道を歩き、宇治市の二子塚古墳や岡本廃寺を見学した。東方台地上には黄檗宗の本山、萬福寺の大伽藍《がらん》が聳えるが、その賑わいを避け、ＪＲ・京阪電車とも一駅北の木幡の地を起点とする。

二、木幡の地

木幡は、西方に宇治川を望む低丘陵地で、東に高く西に低い地形をとる。近世では北に日野・石田、東は醍醐山地の炭山と、南は五ケ庄、西北は六地蔵と接している。現在は大和街道沿い南北二キロの範囲に限定されるが、古代では伏見・桃山丘陵も含めた広範囲の地域であったと考えられている。

『古事記』には、応神天皇が淡海《おうみ》（近江）への行幸の途中、木幡の地に至った時、この地の豪族・丸邇《わに》（和珥）日布礼能意富美《ひふれのおほみ》の娘・宮主矢河枝比売《みやぬしやかわえひめ》と会い、後に妃にした話が見られ、歌が詠まれている。

階《しな》だゆふ　楽浪道《ささなみぢ》を　すくすくと　我《わ》が坐《いま》せばや　木幡《こはた》の道《みち》に　遇《あ》はしし嬢子《とめ》

（古事記歌謡四二）

柿本人麻呂の万葉歌には、

山科《やましな》の　木幡《こはた》の山《やま》を　馬《うま》はあれど　徒歩《かち》より我《わ》が来《こ》し　汝《な》を思《おも》いかねて

（巻一一　二四二五）

とあり、また巻二には、

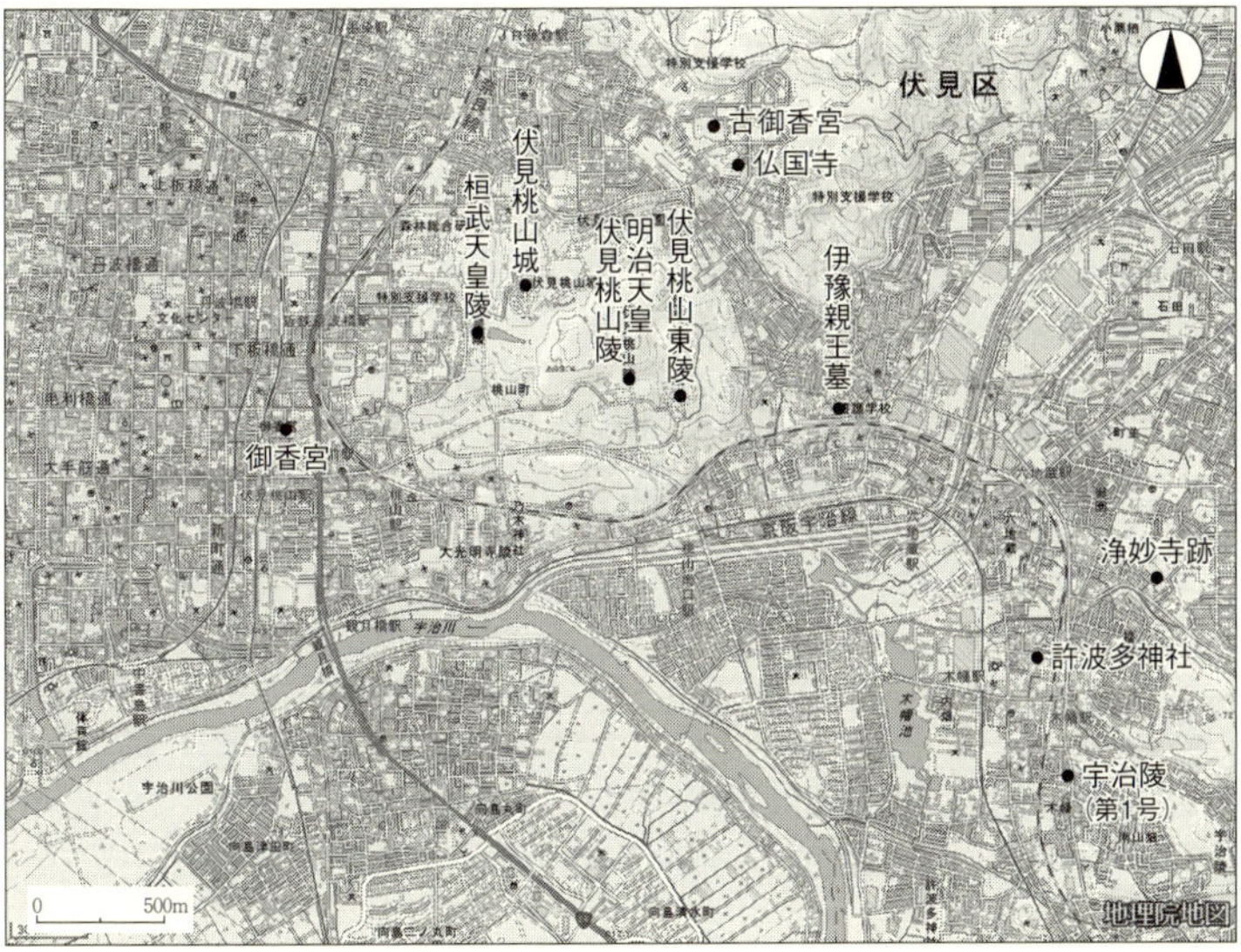

木幡と伏見・桃山丘陵周辺の地形と古跡（国土地理院「電子国土web」を加工して作成）

一書に曰く　近江天皇の聖躰不豫《みやまひ》し　たまひて　御病《みやまひ》急《にはか》かなる時に　太后の奉献《たてまつ》る御歌一首

青旗《あをはた》の　木幡《こはた》の上を　通《かよ》ふとは　目には見れども　直《ただ》に逢はぬかも　（巻二　一四八）

と、詠まれている。

青旗とは「木のシゲリタルハ青キ旗ヲ立タラムヤウニ見ユレバナリ」（契沖著『万葉代匠記』精撰本）とある。これらの歌によって平安時代以前の木幡の景観を想像することができる。

①許波多神社（宇治市大幡東中）

許波多《こはた》神社は『延喜式』神名帳に「山城国宇治郡許波多神社三座月次新嘗」と記された式内社である。もとは宇治市五ケ庄柳山にあったとされるが、現在は旧大和街道に面して西向きに大

1　許波多神社の社殿

形の石鳥居が建ち、長い参道が社殿に至る。本殿は西向きの三間社流造。脇宮として田中神社を合祀する。本殿近くには「宇治陵」の石柱が建ち、その奥に方形に玉垣が巡り、数本の樹木を通して墳墓を見ることができる。陵墓内に「宇治陵三十六」とした方形石柱が建つ。この陵墓の埋葬者が藤原基経《もとつね》との伝承があることを、桃山陵墓監区宇治部事務所で教えられた。

神社の由来については、皇極天皇が夢の中で神のお告げを受け、藤原鎌足に神殿を造営させて祀らせたのがはじまりという。また壬申の乱の前史として、大海人皇子が大津宮を脱出して吉野に向かう時、神殿に至ると乗馬が進まず、鞭の代わりに柳枝を奉られたが、鞭として使わずに瑞垣《みずがき》の中に植え込み神明の助力を祈願した。これによって乗馬の脚力が増し、無事に吉野に到着することができたという。許波多神社由緒書によると、祭神は正哉《まさか》吾《あ》勝々速日天忍穂耳尊《かつかちはやひあめのおしほみみのみこと》、天照大御神、天津《あまつ》日《ひ》子《こ》根命《ねのみこと》。

なお、宇治市五ケ庄古川にも同名の許波多神社があり、社殿は室町時代の建築で、重要文化財である。

②木幡山と宇治陵〔宇治市木幡〕

ＪＲ奈良線黄檗駅の北方から六地蔵にかけての丘陵地には「宇治陵」と総称される陵墓群が存在する。この地は九世紀後半に藤原基経によって、一門の墓所として定められた。「木幡寺鐘銘幷序」に「元慶太政大臣昭宣公相地之宜、永為一門埋骨之処」とあり、『栄花物語』巻一五に「木幡といふ所は、太政大臣基経のおとど、後の諡昭宣公なり。そのおとどの点じ置かせ給へりし所なり」とある。一帯を墓所として完成させたのは、藤原道長である。墓域の中央に木幡三昧堂・浄妙寺を建立した。これにより藤原北家の菩提所も確立された。藤原冬嗣・基経・時平等の墳墓地の伝承も存在するが、確証はない。藤原兼平・道長・頼通・師実ら一〇世紀後半から一二世紀にかけての摂関家の人々と、入内した藤原氏出身の子女がこの地に埋骨された。

しかしながら摂関家の分流以降、次第に顧みられなくなり、疎遠の地となった。近世には広範な山林や茶畑中に数百の古塚が点在したとある。明治一〇年（一八七七）、宮内省はこの墳墓群を調査して、藤原氏出身の皇室関係者二〇名の陵墓として三七カ所を選び、それらを国有地化するとともに整備を行い、一七陵三墓を治定した。陵墓は管理上一〜三七の番号を付けて宇中村の一号陵に総遥拝所を設け、近年には「藤原氏塋域碑《えいいきひ》」が西側外壁に建立された。一部は住宅と住宅の間に挟まれ、参拝道さえない状況になっているが、なかには丘陵山頂部を広範囲に陵域とした二三号陵等もある。

③浄妙寺跡〔宇治市木幡赤塚〕

浄妙寺は木幡寺とも呼ばれ、寛弘二年（一〇〇五）、関白・藤原道長によって、藤原氏一門の埋骨所である木幡墓地に三昧堂が建てられた。その後、客殿、多宝塔、僧坊、大門などを建て、寺域を整えた。宇治市立木幡小学校の建設時には三昧堂跡が確認され、校庭内に埋没保存されている。

三、伏見・桃山地域

この地域は、ＪＲ奈良線桃山駅や近鉄京都線桃山御陵前駅、京阪本線伏見桃山駅周辺を見学の起点とする。

①御香宮〔京都市伏見区御香宮門前町〕

御香宮《ごこうのみや》（神社）は神功皇后を主祭神に、仲哀天皇、応神天皇など六柱を祀る。社名については平安時代、清泉が湧き出し、これを飲んだ病人の病が癒えたことにちなみ、清和天皇の勅命により社殿の修復が行われたとされる。本殿脇の涌水はまさに御香水である。

中世以降、伏見九郷の鎮守社として崇拝されていたが、豊臣秀吉が伏見城を築城する時、城の鬼門除けに北東の大亀谷に遷座させた。その後、徳川家康の命により現在の地に戻されている。

本殿は徳川家康が寄進した五間社流造で檜皮葺《ひわだぶき》、正面中央三間に向拝を付け、旧伏見城の大手門と伝わる表門とともに重要文化財である。拝殿は紀州藩祖・徳川頼宜《よりのぶ》の寄進で、七間×三間、入母屋造《いりもややづくり》で正面に軒唐破風《のきからはふ》を付ける。京都府有形文化財に指定されている。

境内には天明五年（一七八五）伏見奉行・小堀政方の悪政を直訴した七人の義民の事蹟を記念した「伏見義民碑」と、慶応四年（一八六八）の鳥羽・伏見の戦いの「伏見の戦碑」があり、各々の建立のいきさつは伏見の近・現代史を物語っている。

2 「伏見義民碑」の台石（御香宮廃寺の塔心礎）

②御香宮廃寺〔京都市伏見区御香宮門前町金森出雲〕

御香宮西北、金森出雲の地点から、奈良時代前期の軒平・軒丸瓦が採集された。軒平瓦は三重弧文、軒丸瓦は複弁蓮華文で、花弁や中房の蓮子は立体的である。出土瓦から鎌倉時代まで存在していたとみられる。寺院史の研究家である木村捷三郎と田中重久の両氏は、山城国郡名寺院の一つである「紀伊寺」にあてている。次いで古代学協会研究員の江谷寛氏も御香宮神社境内にある「伏見義民碑」の台石を御香宮廃寺塔心礎であると認定し、紀伊寺説をとっている。

③桓武天皇柏原陵〔京都市伏見区桃山町永井久太郎〕

桓武天皇は平安遷都後の最初の天皇で、光仁天皇の第一皇子。東北地方の直接支配など、国政に力を注いだが、延暦二五年（八〇六）に薨去し、山城国葛野郡宇太野に山陵を定めた。『延喜式』諸陵寮によると、「山城国紀伊郡、兆域東八町、西三町、南五町、北六町、加丑寅角二岑一谷」とある。古くから豊臣秀吉の伏見城築造によって破壊されたとするが、それ以前からすでに所在不明となっていた。

陵墓推定候補地が多数あったが、山陵研究家・谷森善臣《よしおみ》（一八一七〜一九一一）の考証に基づき、現在地の旧堀内村三人屋敷地に治定されたが、『延喜式』の柏原陵の記述、平安時代〜江戸時代の記録の検討からいまだ疑問視されている。このようななかで、天皇陵と風水の関係を研究している阪南大学教授・来村多加史氏の、稲荷山の南西裾、元の立命館高校の東側付近とする説（『風水と天皇陵』講談社現代新書、二〇〇四年）は注目される。

④旧伏見城跡〔京都市伏見区桃山町古城山〕

御香宮南門前から大手筋通を東に進むと急坂になり、樹林で覆われてくる。ここからが旧伏見城跡である。

豊臣秀吉は宇治川の改修を行うとともに、巨椋池を望む景勝の地に本格的な城郭を構築した。工事は天正二〇年（一五九二）八月に着工し、慶長大地震（一五九六年）で大被害を受けながらも、慶長二年（一五九七）にはほぼ完成した。城の構成は本丸を中心に二の丸、松の丸、名護屋丸、大蔵丸、弾正丸、山里丸がその周辺に配置された。秀吉は翌三年にこの城で没した。

柏原陵から東に抜けると、現在の伏見桃山城に着く。ここは旧伏見城の御花畑山荘のあったところと推定されているが、昭和三九年（一九六四）に鉄筋コンクリート造で模擬天守閣と櫓が構築された。内部は華麗な桃山文化の一端を示す展示品や、秀吉の黄金の茶室なども復元されていたが、現在は耐震強度の関係で非公開となっている。

北側の伏見桃山城運動公園から北東に進むと、伏見北堀公園に着く。ここは旧伏見城の東北隅にあたる。遊歩道の指示どおり濠底に降り、さらに北東の石段を上ると、現存する伏見城外濠の巨大さが実感できる。

⑤御香宮御旅所（古御香宮）〔京都市伏見区深草大亀谷古御香町〕

豊臣秀吉が伏見城築城にあたり、城内鬼門除けの神として御香宮をこの地に遷宮させた。しかし徳川政権になって再び元の地に戻した。その遺構を「古御香宮」といい、御旅所として残る。東側は大亀谷陵墓参考地である。

⑥仏国寺〔京都市伏見区深草大亀谷古御香町〕

古御香宮の南二〇〇メートルの地点に仏国寺がある。開祖は黄檗宗萬福寺の開山、隠元禅師の弟子で寛文元年（一六六一）に来日した高泉性潡《こうせんしょうとく》和尚である。御水尾天皇の帰依をうけ、寺運を発展させた。本堂には本尊の釈迦三尊像と毘沙門天像が安置され、仏殿の裏手の墓地には、亀趺《きふ》の上に頌徳碑「高泉和尚銅碑」が建つ。青銅板で覆われていて、高

3　仏国寺 高泉和尚銅碑

泉和尚の教えをうけた近衛《このえ》家熙《いえひろ》が宝永三年（一七〇六）に撰文したものを、師の十七回忌にあたる正徳元年（一七一一）に建立したもので、国の重要文化財である。また最近、鐘楼脇に組合わせ式石棺が移された。桓武天皇の御棺との伝承をもつが、詳細は不明である。

境内の墓地の一画には、江戸時代初期に伏見奉行を務めた小堀遠州の墓がある。遠州は作庭・造作・茶道・華道に通じた芸術家であった。

仏国寺の西側は、深草方面に通じる八科《やつしな》峠道（伏見北坂）で、石碑とともに、荷車を通りやすくした敷石（車石）の一部が保存されている。

⑦黄金塚古墳群〔京都市伏見区桃山町遠山〕

六地蔵の北方台地上にあった二基の中期前方後円墳。1号墳は全壊しているが全長一〇〇メートル、西向きの前方部が少し開いた形をしていた。2号墳は全長一二〇メートル、南向きの前方後円墳で、後円部の墳頂部は一部、桓武天皇の皇子である伊豫《いよ》親王の巨幡墓に治定されている。後円部裾部の調査で円筒埴輪列と盾形埴輪が検出された。

四、まとめにかえて

飛鳥時代の陵墓の立地は、風水思想にもとづくといわれているが、明治天皇陵も「四神相応地」にかなう場所に築造されているので、今回の見学の最後とした。

①明治天皇伏見桃山陵・昭憲皇太后伏見桃山東陵〔京都市伏見区桃山町古城山〕

明治天皇伏見桃山陵へは桓武天皇柏原陵から緑に覆われた参道を東へ向かい、途中、旧伏見城石垣の用材を見ながら進む方法と、大手筋通から桃山御陵参道を通って二三〇段もある長い階段を登り詰める方法がある。明治天皇陵は古城山を背にした平場に築かれた大型の上円下方墳で、この位置は旧伏見城の本丸跡とされる。北に山稜、南に大きく開けた広場が広がり、好立地を占める。昭憲皇太后伏見桃山東陵も、明治天皇陵と同一立地ながら、一段低い場所を占めている。この地点が旧伏見城の名護屋丸跡といわれている。

近代日本の象徴となった天皇の陵としては理想的な立地で、前面に広がる宇治川、巨椋池、南山城まで見渡せる景観は何物にも代えがたい。

4　明治天皇伏見桃山陵

5　復元された伏見城

5　鳥羽・伏見の史跡を訪ねて

一、はじめに

私は近鉄橿原・京都線を使って、橿原神宮前と京都の間を往復している。
京都に入ったことを感じるのは、宇治川の鉄橋（澱川橋梁）を渡る時の心地よい響きと、近鉄・京都市営地下鉄竹田駅に着く直前に見える安楽寿院《あんらくじゅいん》の杜、近衛天皇安楽寿院南陵の多宝塔である。ここまでくると京都駅まであと少しである。車窓から多宝塔を眺めていると、ここで途中下車してみたい誘惑にかられる。

竹田駅で下車し安楽寿院の境内を通り、城南宮や鳥羽離宮公園まで幾度か歩いた。これで満足できない時は、平安京羅城門跡から鳥羽作り道（作道）を南進して鳥羽離宮跡公園を訪ねたり、長岡京跡から久我畷《くがなわて》を通って鳥羽まで足を延ばしたこともあった。鳥羽・伏見の地は、平安京と異なる魅力のある場所である。

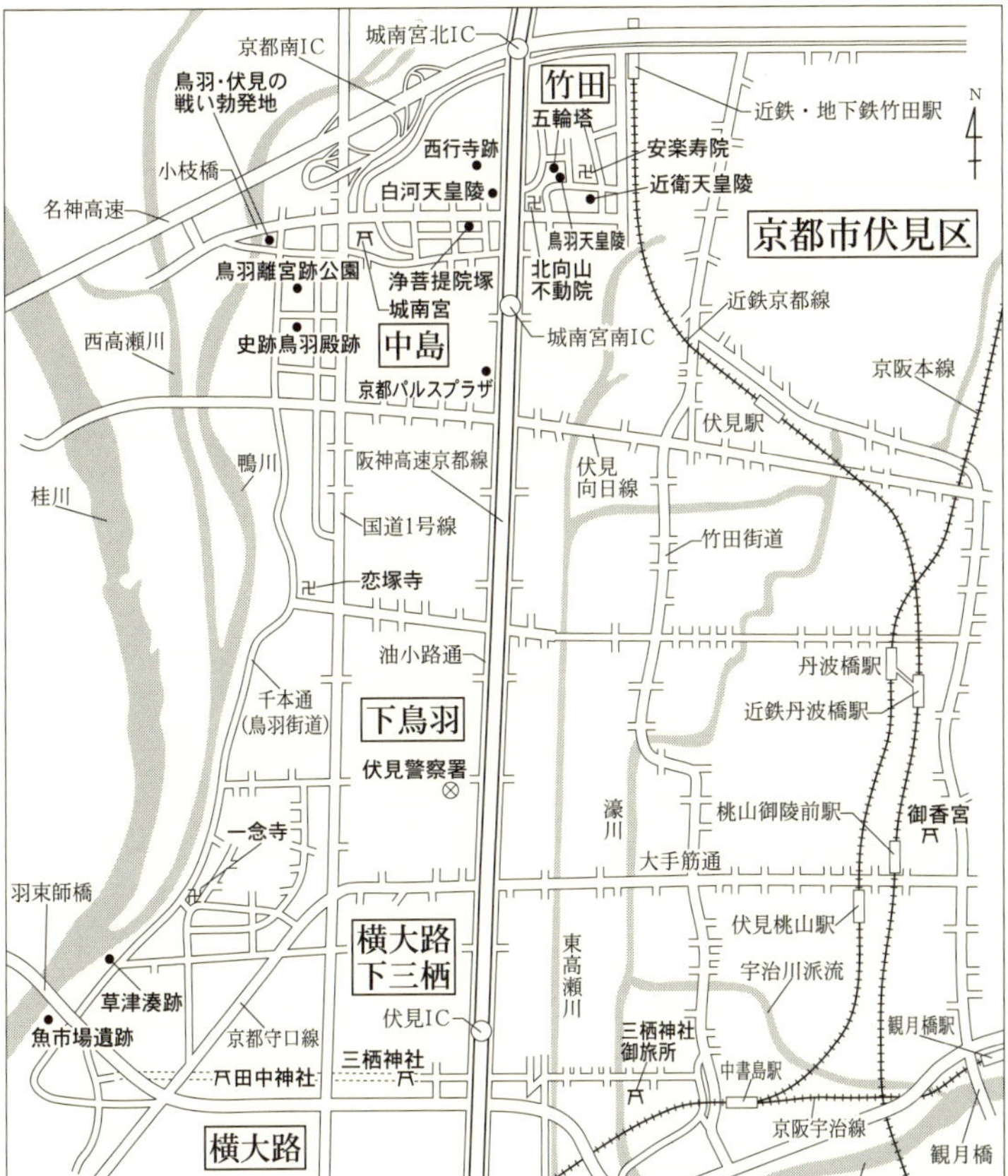

鳥羽離宮周辺の古社寺と遺跡

ここで鳥羽周辺の歴史的背景に触れておこう。この地に造営された規模宏大で林泉の美を極めた白河・鳥羽上皇の鳥羽殿（鳥羽離宮）で執り行われたのが、「院政」と呼ばれている政治形態である。院政は一一世紀末の白河上皇から一九世紀中頃の光格上皇まで続いたことになっている。しかし政治的意味をもつのは、鎌倉時代初期の後鳥羽上皇までの約一三〇年間である。院政の目的は摂関家の権勢を抑制し、皇権を伸長させるためといわれているが、律令制度の崩壊、荘園の整理、新しい受領層や中小貴族の出現など諸要素が絡んでいた。院政の実務は院庁で行われ、警護のため北面・西面の武士が置かれた。

二、鳥羽離宮の歴史と構造・規模

白河天皇は、応徳三年（一〇八六）、堀河天皇に譲位し、院政を開始するにあたり、その少し前に藤原季綱《すえつな》の鳥羽山荘の寄進を受けていたので、それを基に鳥羽殿（鳥羽離宮）の造営に着手した。その位置は平安京羅城門（朱雀大路）から南に延びる鳥羽作り道が鴨川に突き当たる一帯で、現在、「秋ノ（の）山」という小丘が残っている。

秋ノ山については、歴史地理が専門の故足利健亮氏は「平安京南の道路体系」の中で『太平記』の合戦記事を引用して、「この記事に見える作道（鳥羽の作り道）、久我縄手、それに法性寺大路は、共に平安京南および東辺の計画古道として注目すべきであり……平安京計画と密接な関係にある」（『日本古代地理研究』大明堂、一九八五年）と指摘している。
また、指摘された久我畷は、秋ノ山を起点に南西方向に山城・摂津国境の山崎の地をめざしている。

1　秋ノ山 鳥羽伏見の戦い・鳥羽離宮顕彰碑

鴨川・桂川の合流地点で、平安京の朱雀（南）の方角にあたるこの地に「都遷りが如し」と称されるほどの大工事が実施された。これ以降、白河院政の四三年間、鳥羽院政の二七年間が鳥羽殿（鳥羽離宮）の最盛期であった。

鳥羽殿（鳥羽離宮）の規模は「百余町」と記されるほどの大規模なものであった。鳥羽殿（鳥羽離宮）西寄りに南北に走る鳥羽作り道（西大路）を基準にして、西側一帯を院庁諸機関、邸宅、御倉、雑所などが桂川左岸にまで及んでいた。

鳥羽作り道の東側は園池を中心として、北辺には北殿（勝光明院阿弥陀堂）と勝光明院経蔵、金剛心

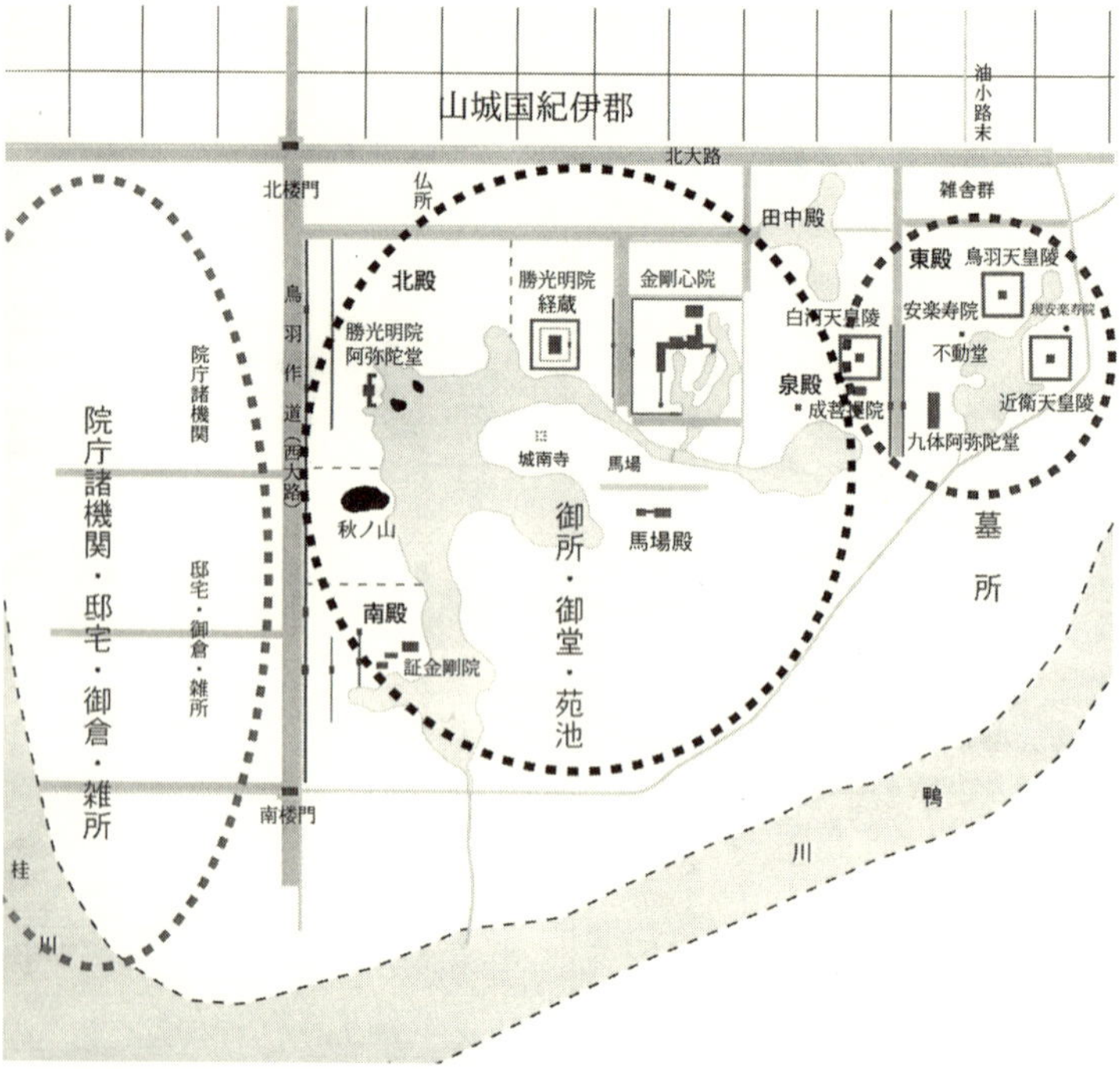

2　**鳥羽殿概念図**（長宗繁一「鳥羽離宮の歴史」〈『京都歴史散策マップ No.2 鳥羽離宮を訪ねて』京都創文社〉より）

院とが東西に並び、園池の西岸には、秋ノ山、南殿、証金剛院が点在する。園池の中央、小半島状に延びる突出部に城南寺と馬場殿が置かれた。金剛心院の東側は、田中殿、泉殿、東殿の地域となり、安楽寿院を含む東殿地域には、三重塔三基、多宝塔一基が築かれ、他の殿院とは異なった様相を呈していた。これらの塔には白河天皇陵（成菩提院）や鳥羽天皇陵（安楽寿院）が営まれ、御堂が建てられた。東殿の区域は死後の世界として極楽浄土を現世に築き上げた地であった。

三、見学地の概要

①安楽寿院〔京都市伏見区竹田中内畑町〕

竹田駅を下車して南へ三〇〇メートル余り進めば安楽寿院の甍《いらか》が迫ってくる。安楽寿院は鳥羽離宮の東殿を寺院として、無量仏三尊を納めた。次いで保延五年（一一三九）、藤原家成《いえなり》より本御堂と呼ばれる三重塔が造進され、塔内に阿弥陀如来像が安置された。これは鳥羽上皇の墓所とするものであった。

これについては詳しい記録が残っている。それによると、鳥羽上皇は保元元年（一一五六）七月二日、安楽寿院御所にて遷化、その日の夜中に入棺、網代御車《あじろみくるま》にて運ばれ、本御塔の地下に葬られたとある。しかしながらこの建物は焼失し、幕末に寄棟の宝塔形式の法華堂が再建された。これが現在の鳥羽天皇安楽寿院陵である。

それとは別に鳥羽天皇の中宮・美福門院得子《とくし》によって新御塔が造立された。これは美福門院の墓所となるはずであったが、永暦元年（一一六〇）、本人の遺命により高野山に葬られた。そしてこの塔には、洛北の知足院に葬られていた美福門院の所生、近衛天皇の遺

3　鳥羽天皇安楽寿院陵

骨が移された。その後、安楽寿院は永仁四年（一二九六）、天文一七年（一五四八）など何度かの火災に見舞われた後、豊臣秀吉による寺領寄進や、慶長一一年（一六〇六）の秀吉の子・秀頼による新御塔跡での多宝塔造立がなされた。現存する近衛天皇安楽寿院南陵にはこの時の建物である。考古学的にみると、築造時の近衛天皇陵には御陵南側の発掘調査で確認された自然石を護岸とした東西六九メートル、深さ一メートルの濠があり、付近の庭園と調和するように配慮されていた。境内地には慶長年間（一五九六〜一六一五）に再建された大師堂と鐘楼、寛政七年（一七九五）建立の書院・庫裏などがある。

境内でもっとも新しい建物は、「本御塔」の扁額を掲げる新収蔵庫である。ここに本尊阿弥陀如来像（重要文化財・藤原時代）、阿弥陀二十五菩薩来迎図、中尊寺経一部（三巻）、その他多数の什宝を収納している。なお、孔雀明王画像と普賢菩薩画像、不動三尊像は京都国立博

4　近衛天皇安楽寿院南陵

物館に、宝冠阿弥陀如来像は奈良国立博物館に寄託されている。

　境内の石造物にも注目すべきものが多い。収蔵庫の前には凝灰岩製半肉彫三如来石仏のうち、釈迦三尊・薬師三尊の二個体が安置されている。元は三個体あったが、阿弥陀三尊の一個体は京都国立博物館に寄託されている。また、特別養護老人ホーム「城南ホーム」の前庭にある石造五輪塔（重要文化財・鎌倉時代）は、高さ三メートルの巨大なもので、弘安一〇年（一二八七）の銘文があり、阿弥陀信仰に基く供養塔である。

②北向山不動院〔京都市伏見区竹田浄菩提院町〕

「北向き不動」の名で知られる天台宗の寺院。寺伝によると、大治五年（一一三〇）鳥羽天皇の勅願により興教大師を開山としたのが起こりで、大師自ら刻んだ不動明王（重文）を王城鎮護のため、北向きに安置したとある。現在の本堂は、正徳二年（一七一二）東山天皇の旧殿を移したもので、鐘楼にかかる梵鐘は、元禄七年（一六九四）、名越浄味《なごしじょうみ》（昌乗）

5　城南宮の境内

によって鋳造されたものである。

③城南宮〔京都市伏見区中島鳥羽離宮町〕

社伝によると、平安遷都の際に都の守護と国土の安泰を願って王城の南に創建された。祭神は国常立尊《くにのとこたちのみこと》、八千矛神《やちほこのかみ》（大国主命）、神功皇后（息長帯日売尊《おきながたらしひめのみこと》）である。交通の要衝に立地する関係から、旅の災厄などを除く「方除の大社」として信仰されている。

城南宮は鳥羽離宮のほぼ中央、馬場殿の一画にあった城南寺をもとに、城神を鎮守とする「城南寺明神」に由来するとみられている。城南宮で行われている神事・祭礼は鳥羽離宮時代に遡るもので、曲水の宴は名高い。神苑「楽水苑」では、春の山・平安の庭・室町の庭・桃山の庭・城南離宮の庭と、趣の異なる各庭を回遊しながら四季の移ろいを楽しむことができる。

また、城南宮の境内摂社、真幡寸《まはたき》神社は真幡寸大神と応神天皇を祀り、『日本紀略』の弘仁七年（八一六）七月の条に朝廷から幣帛が供えられたことがみられる。

④白河天皇成菩提院陵〔京都市伏見区竹田浄菩提院町〕

白河上皇は応徳三年（一〇八六）から四三年間、鳥羽殿（鳥羽離宮）で院政を行った。白河上皇は東殿の区域に三基の塔を造立したが、その一基が墓所となった。現在の白河天皇陵は、鳥羽離宮の泉殿の一画で、現状は一辺三三メートルの方形区画を呈するが、築造当初は一辺五六メートルの方形で、周囲に八・五メートルの濠をめぐらし、濠の内側は石張り、外側は素掘りのままであった。この中央に三重塔を建立し、地下に石室を設け、その中に遺骨を納めて墓所とした。陵墓の南側には崩御時の建物を移築して、阿弥陀堂とした。これは墓所の拝殿の性格をもっていた。

⑤成菩提院跡〔京都市伏見区竹田浄菩提院町〕

鳥羽院の東殿御所の地に建造された御堂の一つで、白河天皇の墓所に隣接して新しい御堂の建設が行われ、天承元年（一一三一）、七間四面の孫廂《まごびさし》付の大型建物が完成した。堂内に南面して阿弥陀像、その左右にも四体ずつの阿弥陀仏を安置して九体阿弥陀堂としたと記録にある。

⑥西行寺跡〔京都市伏見区竹田西内畑町〕

白河天皇陵の北一〇〇メートルの地点に「西行寺」の石柱と小さな地蔵堂が建つ。ここが西行《さいぎょう》の邸宅跡と伝えられるところである。俗名・佐藤義清《のりきよ》は鳥羽上皇に仕えた北面の武士で、二三歳の時、世の無常を感じて出家した。歌人として『新古今和歌集』に九四首の歌を残したことで有名である。出家に至った佐藤義清の心の動きはどのようなものであったであろうか。

⑦鳥羽離宮跡公園〔京都市伏見区中島御秋ノ山町・所ノ内町〕

城南宮の駐車場の西側、京阪国道（国道一号線）に沿って宏大な園池遺構と初期の鳥羽殿南殿遺構群が検出されている。離宮跡公園には、鳥瞰図を描いた説明板が設けられていて、寝殿・小寝殿・御堂をもつ証金剛院の実態が理解できる。また、離宮跡公園の南側は史跡鳥羽殿跡である。

公園内の秋ノ山の山頂に立ち、平安京の造営基準の一つと考えて北方を眺望するのも楽しい。また、秋ノ山の東裾から南方に延びる園路や復元した園池を見ていると、巨大な築山の実感がわいてくる。

⑧鳥羽・伏見の戦跡〔京都市伏見区中島秋ノ山町〕

秋ノ山の東麓、鴨川に架かる小枝橋周辺は、戊辰戦争の発端となった場所である。大政奉還から王政復古へと時代が進むが、薩摩・長州などの新政府に不満をもった旧幕府軍は明治元年（一八六八）正月三日、この地で新政府軍と激突し、鳥羽・伏見の戦いへと発展した。秋ノ山や小枝橋近くには、鳥羽・伏見の戦いの説明板と戦跡碑が建ち、その周辺の寺社にも戦跡が残る。

6　恋塚寺 宝篋印塔(袈裟御前の首塚)

⑨恋塚寺〔京都市伏見区下鳥羽城ノ越町〕

秋ノ山の南方〇・八キロ、千本通（鳥羽街道）に面して恋塚寺《こいづかでら》がある。「下鳥羽の恋塚」の名の方が有名で、袈裟《けさ》御前の首塚と伝わる宝篋《ほうきょう》印塔《いんとう》や寛永一七年銘の版木をもとにした恋塚碑がある。撰文は林羅山《はやしらざん》（一五八三〜一六五七）である。

北面の武士であった遠藤盛遠《もりとう》は人妻の袈裟御前に

懸想して、誤って袈裟御前を殺してしまい、世の無常を感じて出家して文覚となる。文覚上人は平安末期の傑僧として有名で、長唄の「鳥羽の恋塚」は半井桃水《なからいとうすい》がこの故事を作詞したものである。

⑩一念寺〔京都市伏見区下鳥羽三町〕

恋塚寺から千本通（鳥羽街道）を南下すること約一キロに一念寺という寺院がある。天武天皇二年（六七四）の創建で、南都元興寺に属した法相宗《ほっそうしゅう》（現在の元興寺は真言律宗）の寺院であった。後に荒廃したが永享年間（一四二九〜四一）、真阿上人によって再興され、浄土宗に改められた。

本尊阿弥陀如来像は丈六の巨像で「鳥羽大仏」として親しまれている。西側の鴨川畔は真阿上人の遺体が水葬されたところで、「真阿ヶ淵」として殺生禁断の地となっていた。

この下流付近は草津湊推定地で、羽束師《はずかし》橋辺りには魚市場遺跡「魚魂」碑が建ち、河川交通の重要地点であったことがうかがえる。

四、まとめにかえて——横大路と田中神社、三栖神社

7　田中神社の社殿

伏見区の南端に近いところに横大路の地名がみられる。地誌に「……もとは鳥羽の離宮の横大路なり……」とあり、東西の街道として挙げられている。『山州名跡志』ではもう少し具体的に「伏見の城より西北路摂津国、河内等より都に到る街道なり」と見える。先述の足利氏は横大路天王後にある田中神社の南側を通る道筋に比定している。田中神社は下鳥羽・横大路村の産土神で、建速素盞嗚尊《たけはやすさのおのみこと》（牛頭天王）、櫛稲《くしいな》田姫命《だのひめのみこと》、八柱御子《やはしらのみこ》神《がみ》を祀る。

田中神社を起点に東に進めば八〇〇メートル弱で三《み》栖《す》神社があり、祭神の名から天武天皇社といわれている。神社から東進して伏見の市街地に入り、濠川に架かる肥後橋を渡ると、南側に三栖神社の御旅所がある。伏見湊にほど近い。京阪中書島駅の北辺で横大路は乱れるが、さらに東に行くと観月橋《かんげつきょう》の北詰に至る。つまり桃山丘陵の南裾である。

ところで、この横大路の西端では、先に挙げた草津浜よりやや下流にあたる場所で二つの河川（鴨川・桂川）が合流して桂川となっている。この地理的環境と『行基年譜』行基建立四十九院の関係を重ねてみてはどうであろうか。行基は天平一二年（七四〇）に山城国紀伊郡石井村に泉福院、布施院、布施尼院の三院を建立したとある。吉田靖雄氏（大阪教育大学名誉教授）は「石井郷は伏見九郷の一つで近世の上三栖、下三栖、景勝、堀内の四村を言い、宇治川大橋と観月橋に挟まれた地域を示す」（吉田靖雄『行基と律令国家』吉川弘文館、一九八七年）と説明されている。

宇治、木幡を通り、伏見の南端を西進すれば桂川にあたるが、この桂川の両岸こそ旅人に布施を施した施設、布施院の立地にふさわしい場と思われるがいかがであろうか。

6　久御山町、山城三川の合流地と巨椋池南西岸

一、はじめに

南山城は大変魅力的なところである。平城山の高所に立って北方を眺めると、木津川が白く輝き蛇行しながら北流している。向日丘陵から東山までの山々もシルエットで一直線に見られ、その山麓が長岡京・平安京の営まれたところとなる。

桂川・宇治川・木津川の山城三川は、標高一一メートルと山城盆地でもっとも低い部分に滞水した。そこが巨椋池である。前節では、宇治・伏見・竹田とその近在を見学してきたが、残るは巨椋池南西岸の久御山町《くみやまちょう》地域である。

二、久御山町の概要

京都府久世郡の久御山町は、昭和二九年（一九五四）、御牧村と佐山村が合併してできた町である。面積一三・九平方キロ、宇治川と木津川の合流地にできた沖積地と巨椋池干拓によって陸地化された地域である。田園都市として発展してきたが、久御山町の中央部を南北に走る第二京阪道路と国道一号線、東西には京滋バイパスが走り、道路交通の拠点となっている。一方で、豊かな田園の広がる町、日本遺産「流れ橋と両岸上津屋・浜台の「浜茶」」のあるところでもある。

なお、鉄道のない久御山町へは、近鉄京都線大久保駅や京阪本線淀駅からバスの便がある。

三、久御山町の遺跡

久御山地域の先史時代については、第二京阪国道建設工事の際の発掘調査で巨椋池周辺の実態が明らかになった。久御山町中央公民館内のくみやま遺跡展示室（久御山町島田ミスノ）にて各遺跡の概要が理解できる。

①佐山尼垣外遺跡（久世郡久御山町佐山尼垣外）

佐《さ》山尼垣外《やまあまがいと》遺跡では縄文時代晩期の土器や土偶が出土している。これは縄文人が低地に移住し、山地での果実の採集、狩猟だけではなく、初期農耕を行っていた可能性を示す。弥生時代では、中期の方形周溝墓から大型の広口壺が出土し、この壺の胴部に右向きに疾走する鹿三頭が線刻で表現されている。

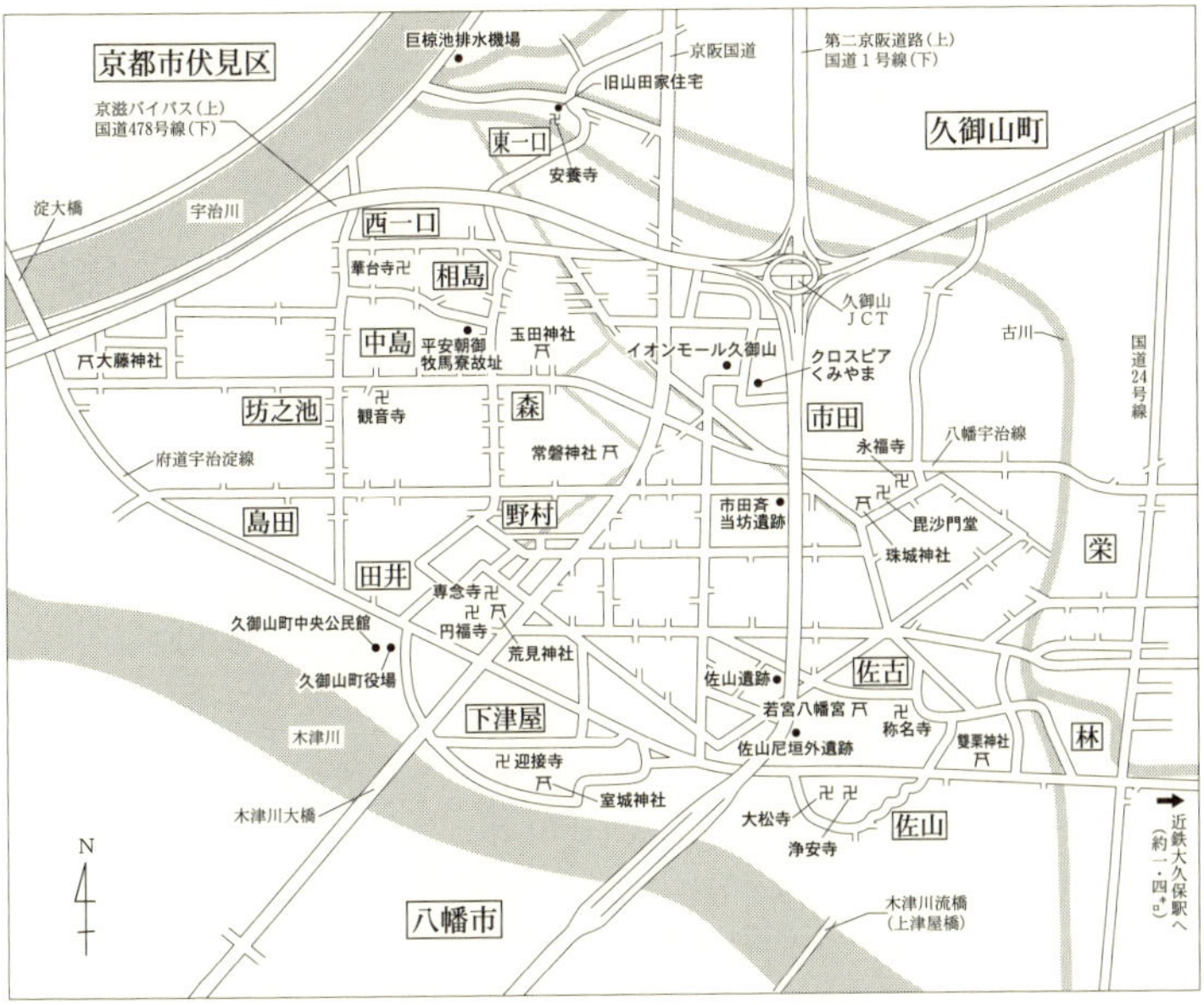

巨椋池西部の古社寺と遺跡

1　佐山尼垣外遺跡出土 広口壺
（パンフレット「くみやま遺跡展示室」より）

②佐山遺跡〔久世郡久御山町佐山〕

佐山尼垣外遺跡の北四〇〇メートルにある集落跡。この地域の拠点集落で、弥生時代後期から奈良時代初期の長期にわたって営まれ、竪穴住居、掘立柱建物、井戸などが検出された。また村を取り囲む濠内から平安時代後期の土器、木簡、短刀などが出土している。発掘された村から、水害と外敵に備えた環濠集落の実態をみることができる。

③市田斉当坊遺跡〔久世郡久御山町市田斉当坊〕

佐山遺跡から北方へ七〇〇メートル。巨椋池畔の大集落である。弥生時代中期から古墳時代後期の長期にわたって営まれ、竪穴住居、井戸、方形周溝墓が検出されている。竪穴住居内からは碧玉（緑色凝灰岩）の原石や半製品、砥石が出土し、集落内の玉作りの一端が判明した。三遺跡とも奈良県内の遺跡との関連を思わせるところが多い。

四、久御山町の社寺

①荒見神社〔久世郡久御山町田井荒見〕

荒見《あらみ》神社は久御山町役場から府道宇治淀線を通り京阪国道へ入るとすぐである。集落の東部にあり、祭神は武甕槌命《たけみかづちのみこと》、別雷大神《わけいかづちのおおかみ》、倉稲魂命《くらいなたまのみこと》、仲哀天皇、応神天皇。『延喜式』神名帳に載せる久世郡荒見神社にあてる説があるが、異説もある。社名の「荒見」は、「荒水」が転化したものといわれ、水神を祀ったのが神社の起源とされている。木津川にほど近い低湿地の集落が度々水害にあっていた事情を、神社の名が語っている。創立時期については『山城志』に寛永七年（一六三〇）、木津川洪水の後、下津屋地区に接する小字西荒見・東荒見周辺から遷座したものと記す。本殿は三間社流造で、寛文四年（一六六四）銘の棟札が保存されており、遷座前の状況も知ることができる。境内末社には天満宮と厳島神社がある。古記録によると境内に地蔵堂と薬師堂も建っていたようである。

2　荒見神社 本殿と樹相

②専念寺〔久世郡久御山町田井荒見〕

専念寺は浄土宗で放光山と号し、本尊は阿弥陀如来。寺伝によると、天文一八年（一五四九）、御牧《みまき》摂津守益景《せっつのかみますかげ》が称念《しょうねん》上人に帰依して寺を建立したとある。またその子・御牧勘兵衛《かんべい》尚秀《ひさひで》が伏見城中にあった聚楽第《じゅらくだい》殿舎の古材を用いて寺観を整えたともいう。本堂は近年建て替えられたが、江戸時代中期の「寛延二年二己巳」（一七四九）の銘をもつ鬼瓦があり、専念寺の歴史の一端を知ることができる。

③円福寺〔久世郡久御山町田井荒見〕

円福寺は功徳山と号し、阿弥陀如来を本尊とする浄土宗の寺院。寺伝では、弘仁一五年（八二四）弘法大師空海の創建と伝える。画家の竹久夢二が滞在したことで知られている。

④玉田神社〔久世郡久御山町森宮東〕

森の集落の南西部に鎮座する。祭神は武甕槌命、応神天皇、天児屋根命《あまのこやねのみこと》、武内宿禰命《たけしうちのすくねのみこと》。社記によると創建を和銅三年（七一〇）とする。その後の経過は不明であるが、天正一四年（一五八六）、御牧勘兵衛尚秀により再建された。しかし元は丹波津宮と称されていたらしく、その名が古文書や御輿銘にみられる。本殿は四間社流造、向拝二間を付けた檜皮葺建物である。山城八森（樹相）の一つ、「玉田の森」として知られる。長い参道と広い神域をもち、方除けと火鎮の社として知られる。

⑤華台寺〔久世郡久御山町中島法楽寺〕

九品山往生院と号し、浄土宗、本尊は阿弥陀如来である。寺伝によると寛仁三年（一〇一九）、妙法上人の開基で、元は天台宗であったという。『山城名勝志』には御牧三カ寺として「花台寺　観音寺　念仏寺」と記し、華（花）台寺は筆頭に挙げられている。古記によると旧本堂は梁行六間、桁行六間半で、御牧一三カ村にあった三二カ寺のうち、最大の寺であった。旧本堂の鬼瓦に寛保元年（一七四一）銘があり、寺歴の一端を知ることができる。境内にある地蔵堂の本尊の地蔵菩薩像は行基菩薩の作と伝えられ、「釘貫地蔵」とも呼び、世の苦しみを抜きとる「苦抜地蔵」として広く信仰されている。また近世には、華台寺一二世住職の聖誉上人が発案した「城南近在三十三所観音霊場」があり、結縁の寺となっていた。

⑥安養寺〔久世郡久御山町東一口〕

「一口」と書いて「いもあらい」と読む。御牧の北部にあたり巨椋池西岸の大堤防辺りをさす地名である。大堤防の片側に盛土をして家が建ち、東西に細長く町並みが延びている。

安養寺は紫金山と号し、後述の旧山田家住宅に接して建つ浄土宗の寺院で、山号は紫金山、本尊は十一面観音。安永年間（一七七二〜八一）の「弥陀次郎縁起」によると、この寺院は天治元年（一一二四）、現京都市伏見区の淀漁の市にあったとあり、別の古文書には天治元年、源誓上人の開基と伝わる。

観音堂（現本堂）の本尊で秘仏の十一面観音像には、縁起に出てくる弥陀次郎という人物が深く関わっている。それは、粟生の光明寺（長岡京市粟生西条ノ内）の釈迦如来の化身である托鉢僧の左頬に、乱暴者で悪太郎と呼ばれていた弥陀次郎が焼火箸を当てたことからはじまる。その後、悔心して精進を重ねた弥陀次郎が、淀川神木の淵で網をおろし漁をしていて十一面観音を引き上げた。そしてその像を小堂に祀って熱心な信者となったという。

⑦珠城神社〔久世郡久御山町市田珠城〕

市田集落のほぼ中央に位置し、永福寺の南西に鎮座する。社伝では垂仁天皇の纏向珠城宮《まきむくたまきのみや》に由来を求めている。祭神は垂仁天皇と和気清麻呂《わけのきよまろ》である。延暦一八年（七九九）、和気清麻呂死去にあたり、藤原葛麻呂《かどのまろ》が勅使となってこの神社と護法神社を並べて神殿を建てた。しかし中・近世の兵乱で度々焼失し、明治一二年（一八七九）両社を合祀して再建された。古記録によると神宮寺であった護王寺（本尊・薬師如来）に関連する薬師堂があった。

⑧毘沙門堂〔久世郡久御山町市田珠城〕

市田集落の西寄りに立地する。昭和五二年（一九七七）に地元の毘沙門講と市田区民の浄財で御堂が建立された。「玉城神社縁起」によると、元弘元年（一三三一）、楠木正成が勅命を奉じて、河内から市田経由で木津川上流の笠置に駆けつける途中、この地で武運長久を願って毘沙門像を彫り、一堂を造営して北向きに位置して祀ったとの由来をもつ。毘沙門天は四天王・十二天の一神。北方世界を守る神とするが、北朝・京都ににらみをきかす守護神として北向きに配置されている。

⑨永福寺〔久世郡久御山町市田和気〕

市田集落のほぼ中央に位置する浄土真宗大谷派の寺院。山号は日輝山微妙院、本尊は阿弥陀如来である。寺伝によると延暦一八年に比叡山東塔北谷から移された寺とする。弘仁年間（八一〇〜一二四）、嵯峨天皇の勅願所となり、御所の南西を守護する寺院となった。享保一七年（一七三二）、浄土真宗に改宗した。浄土真宗に関係する遺宝を所蔵する。

⑩若宮八幡宮〔久世郡久御山町佐古内屋敷〕

佐古集落の中央部に位置し、祭神は応神天皇、神功皇后、比咩大神《ひめのおおかみ》。創建時期は地元の伝承によると天徳三年（九五九）とするが不明。永正六年（一五〇九）の年紀をもつ棟札写しがある。これは社殿修復時の記録として評価が高く、創立はそれ以前に遡る。

本殿は三間社流造で檜皮葺。数少ない室町時代の神社様式を伝え、京都府の登録有形文化財である。かつてこの地にあった法蓮寺の鎮守社との説もある。西隣りにある野神《のがみ》神社（祭神・大歳神）は若宮八幡宮建立以前の祖霊祭祀場ではないかと言われている。

⑪称名寺〔久世郡久御山町佐古内屋敷〕

若宮八幡宮の東側に位置する浄土宗の寺院。山号は護念山、本尊は阿弥陀如来。安永三年（一七七四）の「称名寺縁起」によると天文三年（一五三四）、西誉直往大徳の開基と伝える。西誉上人が修行中、伏見の日野の里で、平山某氏から行基自作の像を貰いうけ、これが縁あって佐古の地に一宇を建てて祀られたという。称名寺には廃寺となった周辺寺院の本尊が客仏として安置されているが、なかでも法蓮寺の本尊薬師如来坐像は半丈六、定朝様式で国の重要文化財となっている。

3　称名寺 薬師如来坐像
（写真提供：久御山町教育委員会）

⑫雙栗《さぐり》神社〔久世郡久御山町佐山双栗〕

雙栗神社は大久保台地から延びる微高地の先端に営まれたこの地域屈指の古社。祭神は天照大神、素盞嗚命、事代主命、応神天皇、息長帯日売命（神功皇后）、

4　雙栗神社 本殿

比咩大神、大雀命（仁徳天皇）である。『延喜式』神名帳に雙栗神社三座と見え、『日本三代実録』の雙栗神に比定されている。また『和名類聚抄』の羽栗・殖栗両郷に鎮座することから神社名が付けられたという。近世には椏本《あてもと》八幡宮と呼ばれていた。

本殿は国の重要文化財。檜皮葺の三間社流造で蟇股、脇障子の上部に精巧な彫刻を施している。明応三年（一四九四）、享保四年（一七一九）、文久二年（一八六二）、明治九年（一八七六）、大正二年（一九一三）などに修理が行われた。雙栗神社には、かつては佐山の安楽寺など五カ寺の神宮寺があった。境内には大楠の神木がある。

五、久御山町の史跡

5　旧山田家住宅（写真提供：久御山町教育委員会）

①平安朝御牧馬寮故址〔久世郡久御山町中島向野〕

美豆牧《みずのまき》は久御山町の北西部から京都市伏見区の南西部にかけてあった古代の官営牧場。『日本三代実録』元慶六年（八八二）に禁猟地として「美豆野」の地名があり、また『延喜式』左右馬寮に「山城国美豆厩畠十一町……」とあって夏期の肥馬の地であったことが知られる。

久御山町立御牧小学校の南側に、三宅安兵衛によって建てられた石碑と、郷土史会による説明板がある。

②旧山田家住宅〔久世郡久御山町東一口〕

東一口集落の中央に旧山田家住宅がある。巨椋池の漁業を束ね、御牧郷一三カ村をまとめた大庄屋の屋敷である。大名屋敷を思わせる広大な長屋門、書院の欄間《らんま》に網代《あじろ》や鯉の彫刻が施され往時の栄華を偲《しの》ぶことができる。国の登録有形文化財。

③巨椋池排水機場〔久御山町東一口〕

排水機場とは排水をコントロールして浸水被害を軽減する施設で、場外に「巨椋池まるごと格納庫」と呼ばれるガイダンス施設がある。巨椋池干拓の歴史を、ジオラマと写真パネルなどで説明している。

六、まとめにかえて

久御山町をめぐり、感じたことをまとめておこう。

巨椋池を中心とするこの地域は、山城盆地の最低地である。そのため巨椋池畔に住んだ人々は、多くの水害にあったことであろう。しかし古代の人々は離村しなかった。運ばれてきた有機質を含む泥土・土砂は、天然の肥料として秋の実りを保障した。また、池中の魚類や渡り鳥は食料として生活基盤の中に組み込まれていた。水害対策としては濠と土塁で防御した。この知恵は中・近世にも受け継がれ、環濠をめぐらし高い石垣を組んで水害対策を行っている。記録には見られないが淀川上流地域の河川改修はこの地の水田化を進め、後に条里が施行されるまでに至った。

久御山町各地に所在する神社は、天穂日命、神魂命、武甕槌命、別雷大神、誉田別命、武内宿禰を祭神としており、出雲、賀茂、春日（藤原氏）の氏族と皇室関係者を祀るものが多く、この地の開発と所領の維持に努めた一族が祭神となっている。皇室に関係したものとして美豆牧、狭山江御厨などがあった。丹波津は河川運輸の湊として重視されたことであろう。

久御山町内には、技巧を凝らした社殿のほか、各大字の寺院には、九世紀から一三世紀にかけての優れた仏像が多く祀られている。これらは、この地で水害の被害を再々受けているが、それを乗り越えて豊かな暮らしを確保した人々の証でもある。

7　吉野川流域の社寺を訪ねて

一、はじめに

奈良盆地から見える吉野は、山また山の地である。畝傍山《うねびやま》に登り吉野の地を望むと、幾重にも重なる稜線から、そこに何があるのか知りたいと思うと同時に、神秘の世界に踏み込んではいけないとの気持ちにもなってくる。

今回は吉野川の源流地域に精気と涼気を求め、山峡に分け入ることにしよう。

近鉄吉野線の吉野口駅をすぎると、吉野郡大淀町薬水である。南東に進めば下市口《しもいちぐち》駅はすぐそこだ。吉野川の清流を眼下に見れば、吉野に来た実感もわいてくる。大淀桜ヶ丘遺跡、土田遺跡、越部《こしべ》古墳と順次案内をしていきたいが、今回はバスを使うため、壺坂の嶮は芦原トンネルで通り抜ける。大淀町矢走から南東に曲がり、常門、馬佐の谷筋を横断すれば霊鷲山世尊寺《りようじゆさんせそんじ》である。

二、吉野川流域の古社寺

①世尊寺（比曾寺跡）〔吉野郡大淀町比曾〕

世尊寺は古代の比曾寺《ひそでら》の法灯を受け継いでいる寺院である。近鉄六田《むだ》駅から北に入り込んだ谷筋が比曾谷で、その中央を吉野川に注ぐ比曾川が南流している。寺院は谷奥の台地上に立地している。東西両塔の遺構の存在から薬師寺式伽藍配置と考えられ、現在の山門周辺を南大門跡に、現本堂の位置が講堂跡と判断されているため、中門・金堂・回廊などの略々の位置が推定できる。

東西の両塔跡は礎石もよく残っているが、それ以上に記録と移建された建物が知られ

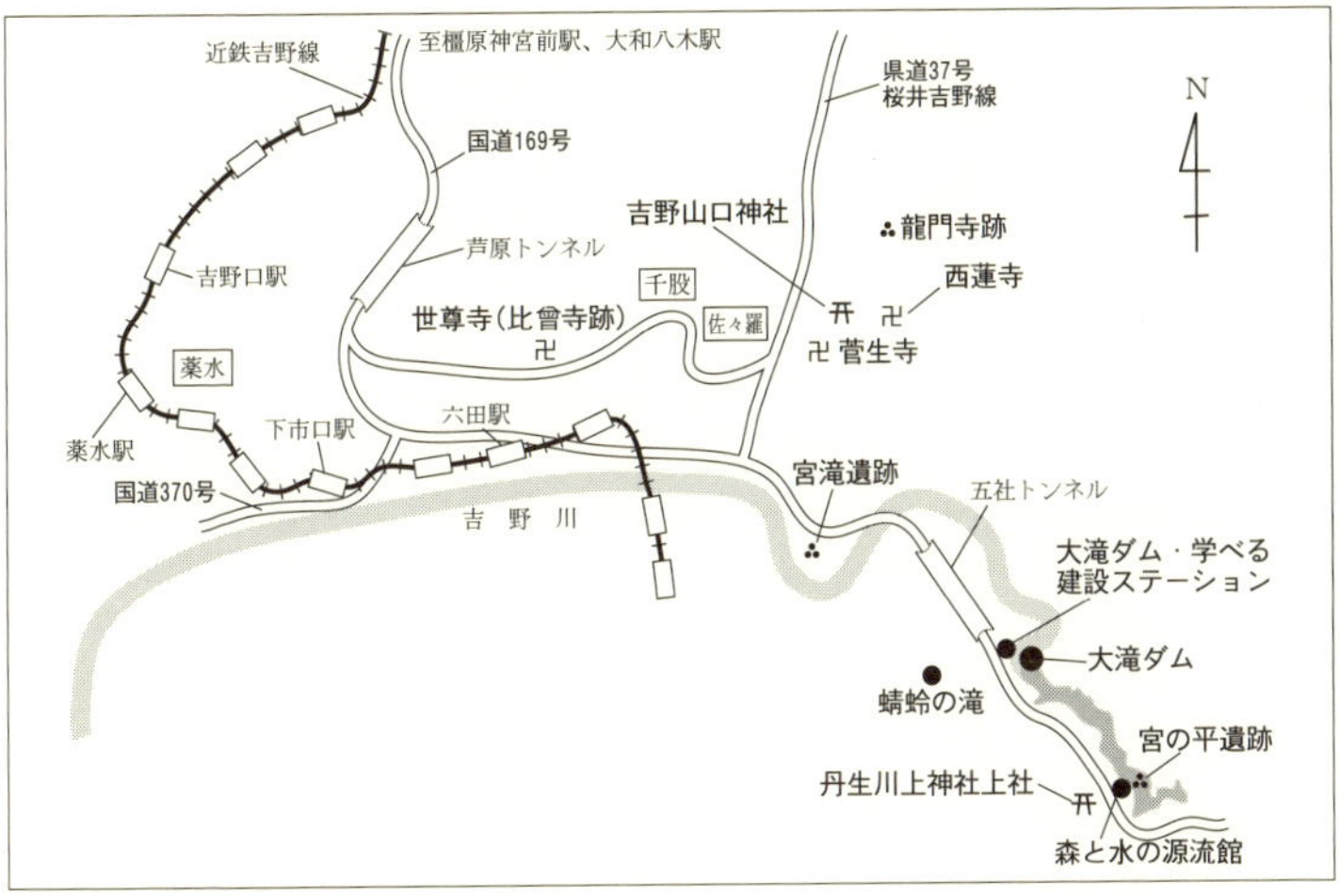

吉野川流域の古社寺

1　世尊寺の境内と太子堂

ている。東塔は三重塔で、寺伝によると「聖徳太子が御父、用明天皇のために建立され、その後鎌倉時代に改築された」とある。この鎌倉時代再建の三重塔は、『多聞院日記』によると、文禄三年（一五九四）、豊臣秀吉によって伏見城に移され、さらに四年後の慶長六年（一六〇一）、徳川家康によって移築され、大津市三井寺《みいでら》の三重塔（重要文化財）として現存している。西塔は『今昔物語』を引用した寺伝によると、推古天皇が夫である敏達《びだつ》天皇の供養のため建立したが、惜しくも焼失したとある。

石田茂作著『飛鳥時代寺院址の研究』に掲載された出土瓦などを見ると、素弁八葉文軒丸瓦も含まれており、当初の規模は不明ながら飛鳥時代に遡るとみられる。

『日本書紀』欽明天皇一四年の条に、茅渟海《ちぬのうみ》に流れ着いた樟木《くすのき》から仏像二軀を造って、「……今の吉野寺に光を放つ樟の像なり」とある。同様の話は『日本霊異記』に「三宝を信じ敬って現世で果報を受けた話」として、「吉野の窃寺《ひそでら》に安置する光を放ちたまふ阿弥陀の像是れなり」としている。なお、比曾寺は吉野寺、窃寺、比蘇寺、現光寺と呼ばれていた時期もある。

②菅生寺〔吉野郡吉野町平尾〕

世尊寺から東へ山間の新設道を進んで、吉野町千股で県道一五号（芋峠越え）、吉野町佐々羅で県道三七号（多武峰鹿路越え《とうのみねろくろ》）と交差して、北東に進むとすぐ竜門である。竜門岳と津風呂《つぶろ》丘陵の間の谷筋が竜門地域である。ここでは菅生寺《すぎようじ》を訪ねよう。私は昭和五八年（一九八三）四月、境内の墓地整備工事が行われた時、調査に来ているので、当時のレポートから記述する。

菅生寺は吉野町平尾の丘陵上に立地する真言宗金剛峯寺派の古刹で、もとは龍門寺の別院として大師山龍華台院と号していた。境内には本堂・大師堂・庫裡・山門があるが、もっとも古い建物は本堂で、寛政三年（一七九一）の棟札が残っている。

本堂の裏手の一段高いところに墓地があり、東に大型五輪塔、宝篋印塔、無縫塔が並び、北にも五輪塔が置かれている。昭和五八年に墓地整備事業が行われた時、大型五輪塔は北

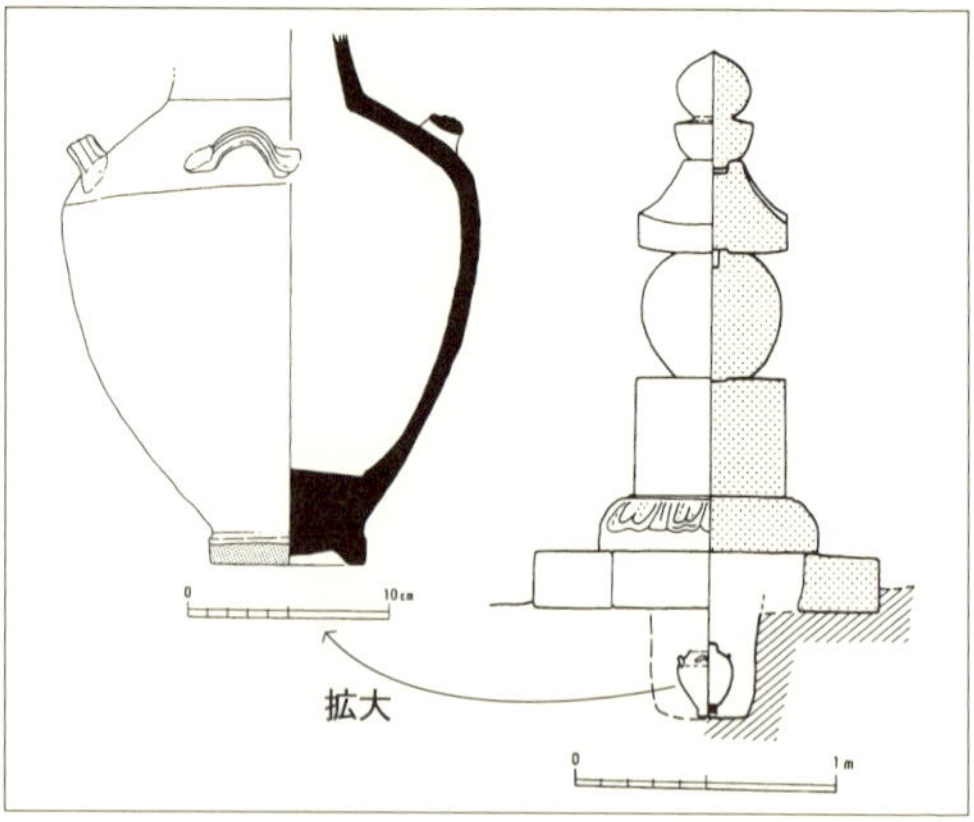

2　菅生寺の中世墓と青白磁の四耳壺
（『菅生寺墓地五輪塔調査概要』より一部加筆）

側から東側に移し替えた。

この時、地覆石で囲まれた中央に土壙を穿《うが》ち、口辺部を欠いた青白磁四耳壺《しじこ》を埋置した遺構が検出された。この四耳壺には火葬骨が入っており、人類学的調査から五〇歳前後の男性の遺骨と判断された。この墓塔は奈良時代前期に活躍した、義渕僧正の墓と伝えられていたが、四耳壺は一三世紀、中国の元時代の遺品で、しかも火葬骨の調査から七〇余歳の高齢を数えた義渕僧正とは時代的に整合しないことが判明した。

なお、西側の山裾にあった、延元四年（一三三九）銘をもつ「慶円上人御廟也」の笠塔婆もこの墓地に移建されているので、この大型五輪塔は中興祖慶円上人以外の、照海、了海などの菅生寺関係の高僧の墓と判断される。

③吉野山口神社〔吉野郡吉野町山口〕

菅生寺から旧道を北東に進むと吉野町山口に至る。吉野山口神社の祭神は大山祇命《おおやまつみのみこと》で、

3　吉野山口神社

境内には高鉾《たかほこ》神社や本地堂跡、徳川吉宗寄進の灯籠などがある。また天然記念物のツルマンリョウが自生している。

この地は龍門寺の里寺が集まっているところであり、登り口の正面には薬師寺がある。薬師寺は仏師院跡に造られた堂宇で、境内に在銘の宝篋印塔二基がある。一基は相輪を欠くが、現高九三センチで、建治四年（一二七八）の銘をもつ。もう一基は宝篋印塔の台座部分だけであるが、両側面に格狭間《こうざま》、背面に明応七年（一四九八）、施主英尊の名前が見られる。

吉野山口神社の南側には「龍門の大仏」として名高い阿弥陀如来坐像（像高八尺六寸）がある。その寺は浄土宗の西蓮寺であり、他に像高三尺一寸の木彫阿弥陀如来坐像（藤原時代）が安置される他、「龍門寺」と蛇字風に陽刻された木額がある。この木額

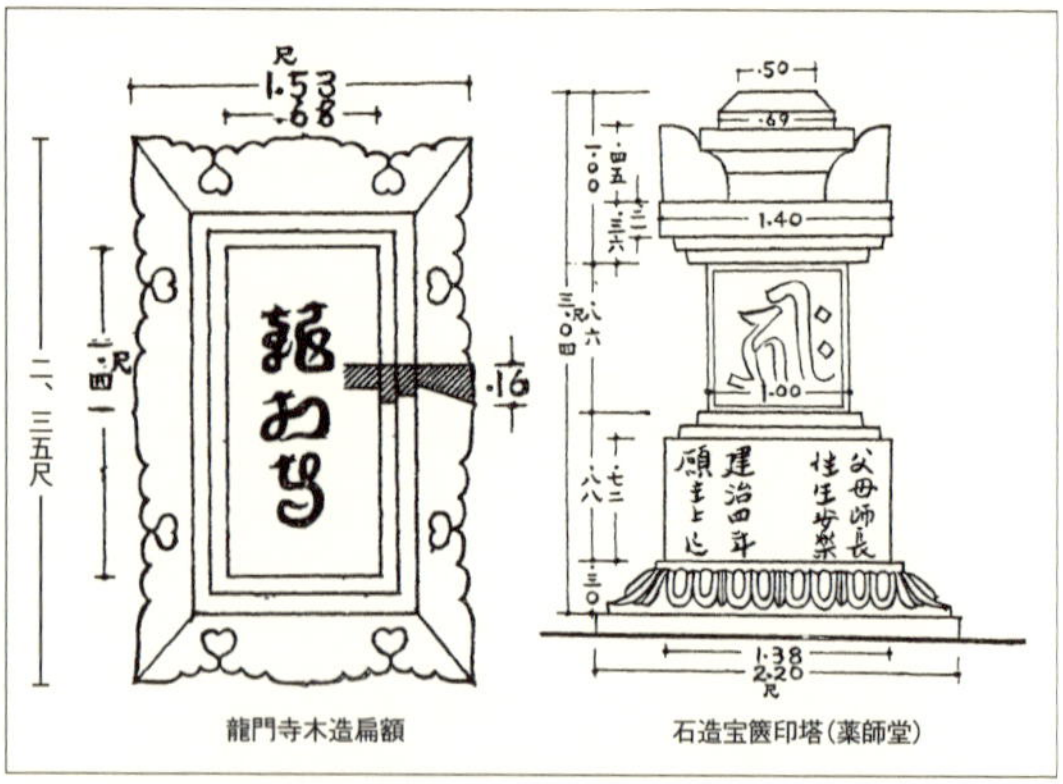

4　龍門寺木造扁額と薬師寺宝篋印塔
（『奈良県総合文化調査報告書吉野川流域龍門地区』より一部改編）

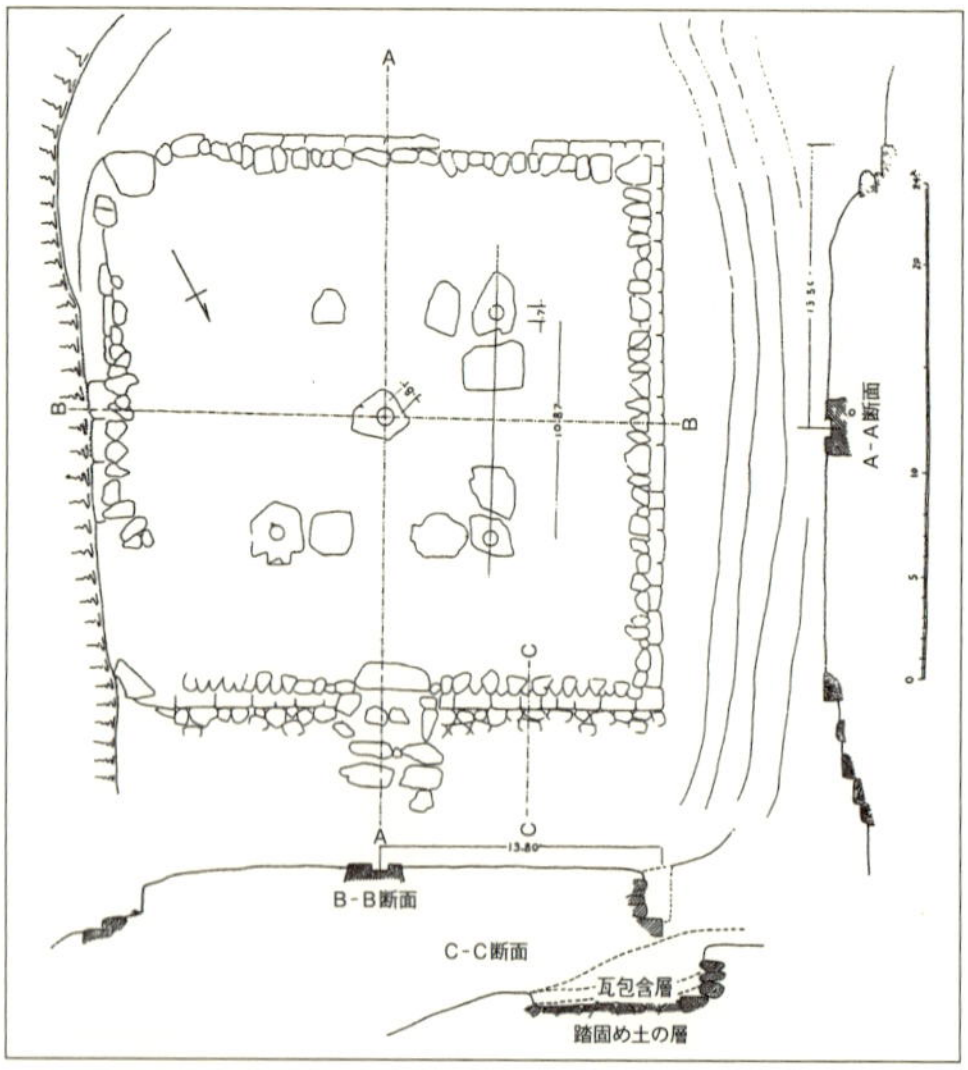

5　龍門寺跡 遺構図
（『奈良県総合文化調査報告書吉野川流域』より）

は裏面に文永拾年（一二七三）の墨書があり、龍門寺の子院、仏師院に蔵せられていた龍門寺牛玉宝印の版木を改装して額装にしたものと判断されている。

④龍門寺跡〔吉野郡吉野町山口〕

次に竜門岳の懐に抱かれている龍門寺跡を訪ねることにしよう。獄川に沿った山道は、自分の靴音に驚くほど森閑としていて、仙境に迷い入った気持ちになる。吉野山口神社から歩くこと八〇〇メートル。山道右手の一段高いところに、台石を除くと総高二一三センチの下乗石がある。正面の「キリク」の種子の下に「下乗」、右側面に「タラク」と「龍門寺」、左側面に「アク」があって、「元弘三年癸酉卯月九日」、背面には「ウン」を入れる。元弘三年は一三三三年にあたる。

続いて久米《くめ》仙人の修行窟や龍門滝の古跡があり、滝をすぎた左手の山腹が塔跡である。乱石積みの基壇で、中央に八寸の円孔をもつ心礎を置き、外回りの四隅に自然石を平滑にして、中央に七寸の円孔をもつ礎石を置く。隅石との間には二個の礎石を置いて三間とするが、両脇は隅石に近づけ中間を広くとっている。これは各辺中央に設ける扉を考えてのことである。このため、心柱を設けても四天柱を欠いており、塔の内部を広くとるための工夫である。金堂跡は塔跡の北側の平坦地を推定している。

出土遺物は外区下端に鋸歯文《きょしもん》、外区上端に菱文をもつ均斉唐草文軒瓦、塼仏《せん》、鉄製風鐸などが出土している。昭和四年（一九二九）頃に保存顕彰のため建てられた金堂・塔・六

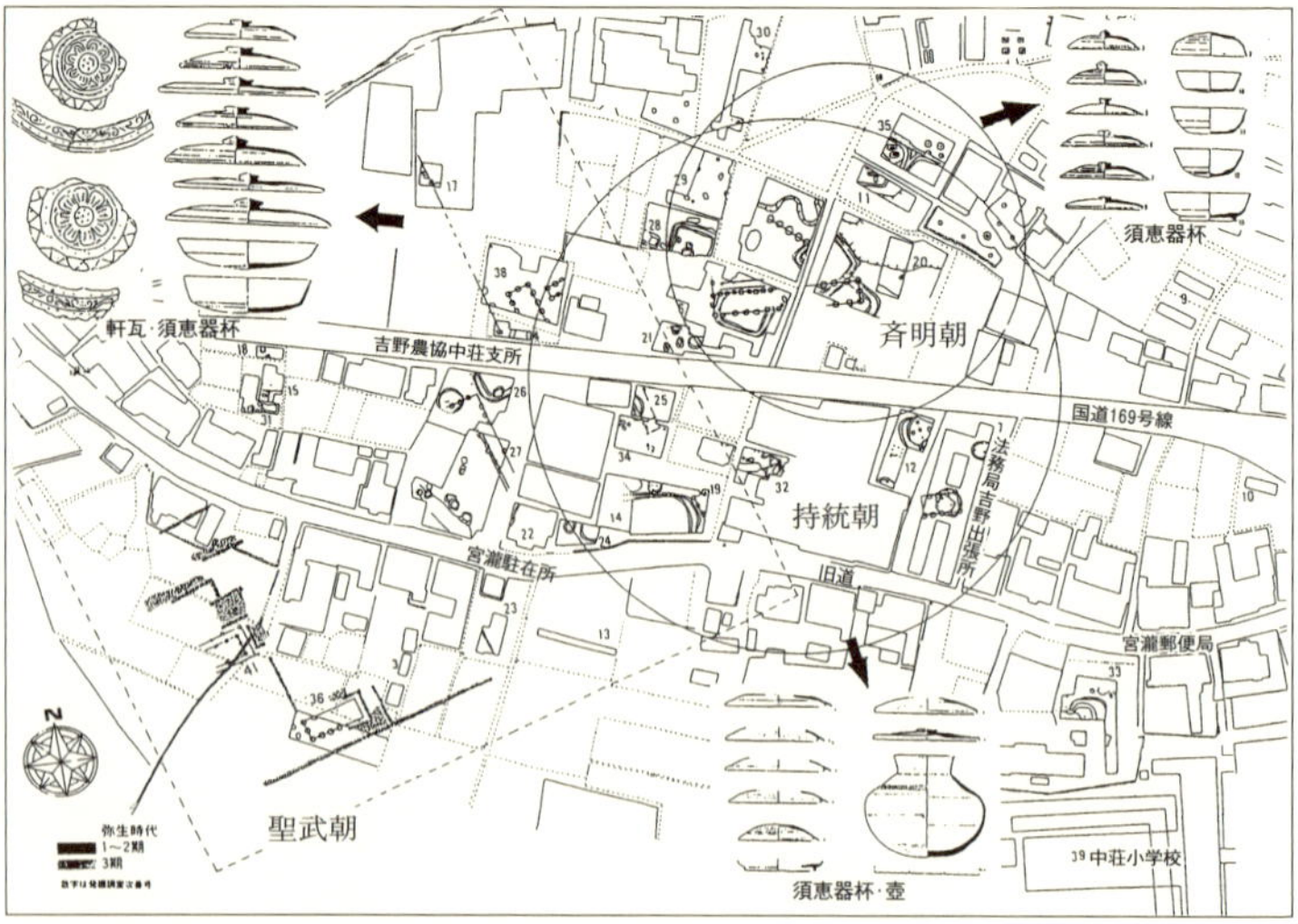

6　宮滝遺跡の時期的配置と出土品
(『壬申の年に語る吉野の魅力』〈吉野町教育委員会、1993年〉より)

角堂などの名称を記した石柱がある。

⑤宮滝遺跡〔吉野郡吉野町宮滝〕

宮滝遺跡は昭和五年（一九三〇）五月から一三年春にかけて調査された、縄文時代から弥生時代、飛鳥時代、奈良時代にかけての複合遺跡である。

かつては宮滝の西入口、旧道と新道の交点に「史跡宮滝遺跡」の石柱があって、宮滝遺跡に来た感動を得たが、今は移建されて感動を味わうことができない。

縄文時代の遺構は旧道と吉野川の間の東西に狭い範囲で、顕著な遺構は見られないものの、縄文時代中期のものと、後期から晩期にかけての土器が出土している。

「宮滝式」土器は後期末の土器群で、ヘナタリ貝などの巻き貝を使って文様を描いたものである。生活道具には石錘《せきすい》・石鍬《いしぐわ》・石皿・叩石《たたきいし》・石鏃《せきぞく》・石槍《せきそう》などが見られ、自然の恵み豊かな地であったことが知られる。弥生時代の遺構は、中期の竪穴住居の他、方形周溝墓、甕棺墓などが見つかっているが、年間を通してこの地に定住していたのか、または、夏から秋にかけての季節的な生活の場であったのかはわかっていない。

旧道から山裾にかけては、奈良時代の遺構が集中している。このうち東側地区は弥生時代の方形周溝墓と重複する形で七世紀中頃から八世紀代にかけての遺構があり、また逆に下段西側の石敷きや石溝などの建築遺構群は、土器類、瓦類から判断して八世紀中頃の遺構が中心となっている。宮滝遺跡は『古事記』『日本書紀』『続日本紀』『万葉集』の記述ともよく合致する。

⑥大滝ダム・学べる建設ステーション〔吉野郡川上村大字大滝〕

五社トンネルを抜ければ川上村である。西河で西に向かって枝谷に入れば「蜻蛉《とんぼ》の滝」。ここでも一段と静寂が増してくるが、今回は国道一六九号を東進する。やや右に曲がると同時に正面、鎧掛岩の大岸壁に「土倉庄三郎《どくらしょうざぶろう》翁頌徳碑」が見える。土倉翁は吉野造林の先駆者である。

7　大滝ダムの放水施設

次に大滝ダムの堰堤が見えてくる。この道は熊野や新宮に行くため幾度と通ったが、今はダム建設とそれに伴う道路の新設で地形が大きく変わってしまった。

「大滝ダム・学べる建設ステーション」は、ダムのPR施設で、堰堤の西側に建設されている。人間はどのように水を治め、活用してきたかを「見て、聞いて、触って」学習できる施設である。展示パネルは、水と人類の歴史からダムの役割を紹介している。さながら降雨体験への導入部分のようであり、後に雨具をつけて集中豪雨が体験できる。一瞬の豪雨がどれだけ恐ろしいか、水の恵みと恐怖を知ってほしい。

大滝ダムの堰堤の巨大さに驚きながら、国道一六九号を遡ると川上村役場の通りに至る。この地域は大滝ダムの建設で一番変わったところである。川上村役場、道の駅「杉の湯川上」、湯盛温泉「ホテル杉の湯」と主要な施設がここにそろっている。再び小さな隧道を抜けると、「森と水の源流館」、「川上総合センターやまぶきホール」、またこれを取り巻くように民家が配置されている。

⑦森と水の源流館〔吉野郡川上村宮の平〕

公益財団法人吉野川紀の川源流物語が運営する博物館。「美しい森と水と、すばらしい地球の姿を残したい」をキャッチフレーズに、①水はどこからやってくる、②川をさかのぼる（吉野川・紀の川流域の生きもの）、③樹と水と人（太古の森の暮らし――宮の平遺跡）、④出会いの森広場（川上村の民俗――天明の家）の四部門の展示を行って、自然、水、人の相互関係が一目でわかるように、ジオラマを多用して展示がされている。源流の森シアターもぜひ見てもらいたい。また三階に設けられた「フィールドをめぐる」では川上村を疑似体験できる。

⑧宮の平遺跡〔吉野郡川上村宮の平〕

森と水の源流館近くの民家の側道から大滝ダムの河岸を覗くと、はるか下に龍のモニュメントと広々とした段丘、紺碧に光る水面が見えている。この段丘こそ丹生《にう》川上《かわかみ》神社上社の旧社地で、宮の平遺跡である。

この遺跡は、縄文時代早期の竪穴住居と炉跡、また中期から後期にかけて竪穴住居が点

8　宮の平遺跡の立地（丹生川上神社上社旧社地）

在していた。発掘担当者は住居の使用痕跡から恒常的に使用していたとみるより、季節的に利用された集落と判断している。

他に注目されたものは立石と呼ばれる棒状の石を立てた遺構と、複数の石を並べたり積み上げたりした配石遺構が存在していることであり、その遺構は最終的には直径四〇メートルのドーナツ型になっていたと推定されている。また平安時代に遡る丹生川上神社上社の遺構も検出されている。ここは古くから祭儀の場であったとみられる。

縄文人も、避暑と川と森の恵みを求めてこの地で仮住まいをしていたと思うと、楽しくなってくる。

宮の平遺跡の出土品は、石鏃・石槍などの狩猟具と、獲物を解体するスクレイパー、石匙《いしさじ》がある。木材伐採用の磨製石斧《せきふ》、漁網の錘《おもり》、木実を加工した磨石《すりいし》・敲石《たたきいし》、石皿など、山の生活の一端を知ることができる。出土品の

9　丹生川上神社上社の社殿

一部は「森と水の源流館」に展示されている。

⑨丹生川上神社上社〔吉野郡川上村大字迫〕

丹生川上神社上社は宮の平遺跡の地から、平成一〇年（一九九八）三月、現在地に遷座された。祭神は高龗神《たかおかみのかみ》で、相殿神は大山祇神、大雷神である。

丹生川上神社の歴史は『日本書紀』神武天皇即位前紀に、「厳瓮《いつべ》を造作《つく》りて、丹生の川上に陟《のぼ》りて、用《もつ》て天神地祇を祭りたまふ」と記された古社。天武天皇四年（六七五）、祈雨に関わる祭りが行われ、その後も奉幣祈願が行われてきた。

しかし応仁の乱以降は、社地の所在が不詳となり、由緒の重きにより、上社は明治二九年（一八九六）、中社（吉野郡東吉野村小）は大正一一年（一九二二）、下社（吉野郡下市町長谷）は明治四年（一八七一）に官幣大社とされた。

なお、現社殿は旧社地と吉野川を見下ろす高台に立地している。神明造《しんめいづくり》の本殿と、正面に千《ち》鳥破風《どりはふ》と唐破風《からはふ》の向拝をもつ拝殿は、古社の荘重な歴史を語っている。拝殿内には旧社殿の礎石、また前庭の一画に旧社殿跡で発掘された祭場を復元している。

吉野の自然と歴史の奥深さを体験することができる。

8　南海道を歩く

一、南海道とは

「南海道《なんかいどう》」は、五畿七道に定められた行政区画名の一つで、紀伊《きい》、淡路《あわじ》、阿波《あわ》、讃岐《さぬき》、伊予《いよ》、土佐《とさ》の六国を指すとともに、また、官道の名でもある。

南海道の地は、『日本書紀』仲哀天皇二年三月に「南国」として初めて記される。さらに神后皇后元年二月と、天武天皇一四年（六八五）九月には「南海」の記述がある。そして、『続日本紀』文武天皇大宝三年（七〇三）正月の記事に初めて「南海道」の名称が現われる。それ以降、各所に「南海道」に関する記事があり、以上の検証の結果、行政区画としての「南海道」は天武天皇五年の畿内制実施により正式に成立したとみられる。

大化二年（六四六）の「改新の詔」により畿内の四至が定められた時、畿内の南限は紀伊兄山となった。兄山は現在の伊都郡かつらぎ町にある背山二峯か、紀ノ川の中島船岡山

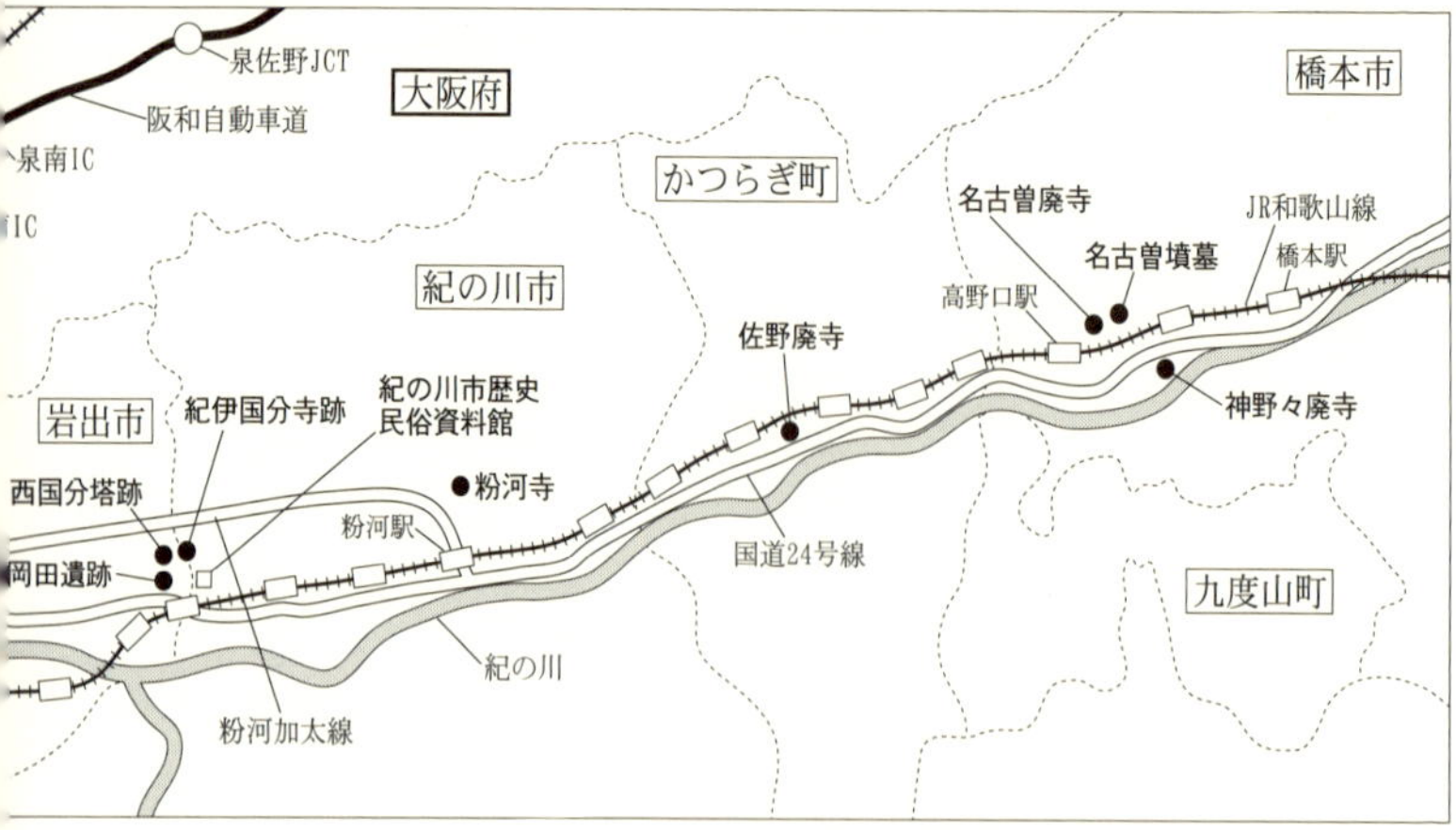

紀の川の右岸を走る南海道と古社寺・遺跡の分布

を挟んで北峯の背山と南岸の妹山を指すとの両説がある。

平城京の下ツ道が、巨勢路《こせじ》を経て紀の川流域に入ってくる。五條・二見《ふたみ》の平野部が急にせばまり、両岸に結晶片岩の露頭が目立つところが真土山《まつちやま》（標高一六八メートル）で、ここが紀和の国境である。官道としての「南海道」は北方の鞍部を越えていたようで、ここには、国境の疫神・牛頭《ごず》天王《てんのう》を祀る八坂神社が鎮座する。

ところで、南海道の経路は平安遷都によって改変されることになった。『日本紀略』の延暦一五年（七九六）二月二五日に記述があり、平安京への実質的な利便性を考え、新路が設定されたとみられる。『日本後紀』弘仁二年（八一一）八月一四日にはさらに具体的に「紀伊国萩原、名草、賀太三駅を廃し、不要を以てなり」とあり、続いて弘仁三年（八一二）に「紀伊国名草駅を廃し、更に萩原駅を置く」と記される。萩原駅の位置について諸説あるが、代表的な見解は雄ノ山峠南麓の山二集落

（現・岩出市山）を萩原駅とするものである。これらから平安遷都以前の経路を「古南海道」とし、以降を「新南海道」とする。

紀の川右岸の村々を通過する近世の大和街道（伊勢街道）や、これに連なる加太《かだ》の淡嶋《あわしま》神社に参詣する淡島街道は、位置は変わっているにせよ新旧の南海道を引き継いだものである。

二、高野街道について

高野山は全山を曼荼羅に擬して中台八葉と称し、壇上伽藍の中心部を内葉、その外側を外八葉として一六の峰があるという。また複数ある外界に通じる道筋を高野七口といった。その代表は、伊都郡九度山町の慈尊院から高野山壇上伽藍の大門までの大門口道である。一町ごとに町石が立てられるため、町石道として知られている。弘法大師空海は、現在の五條市火打《ひうち》の犬飼《いぬかい》で「南山の犬飼」なる狩人《かりうど》に会い、その案内で天野《あまの》丹生《にう》津《つ》比売神《ひめのかみ》に会ったという開基縁起がある。弘法大師が平安京から奈良、飛鳥、五條へと進み、九度山から山上へ登ったとすると、紀の川右岸はほぼ南海道を使っていたと考えられる。

また中世以降、東高野街道は山城の八幡を経て河内の交野《かたの》、私市《きさいち》、四條畷《しじょうなわて》、石切、高安、古市、富田林《とんだばやし》から河内長野《かわちながの》に至る。ここで堺、福田、狭山を経て南東に進んできた西高野街道と合流し、紀見峠を越えて橋本、慈尊院に至っている。この東西の高野街道も、もとは村々を結ぶ生活道路であったが、高野山への参詣道としても活用され、平安京と南海道の国々を結ぶ街道の一部となっていた。

三、紀の川流域の遺跡と南海道

南海道は、寺院、国府、郡衙などを結ぶ形で作られていたとみられる。私が訪れた見学コースに沿って遺跡などを紹介する。

①名古曾《なごそ》墳墓（三彩釉骨蔵器出土地）〔橋本市高野口町名古曽〕

名古曾墳墓は丘陵の南傾斜面の中腹に立地した場所にあり、昭和三八年（一九六三）、畑の耕作中に骨蔵器が発見された。屋根形の滑石製石櫃内に三彩製の骨蔵器があり、内部に壮年男子一体分の火葬骨が納められていた。三彩釉骨蔵器は最大径二七・六センチで、白色釉薬の上に褐色と黄釉をうすく施す。褐色釉を十分に施した他の三彩と比べると、肌色にうすく輝いて見える。埋葬時期は八世紀中葉と考えられ、後述の名古曽廃寺との関係も考慮しなければならない。

②名古曽廃寺〔橋本市高野口町名古曽〕

1　三彩釉骨蔵器（1963年の出土時）

和泉葛城山脈の南裾に営まれた寺院跡。旧大和街道に接して、古くから結晶片岩の塔心礎が知られ、「護摩石」と呼ばれている。この心礎は結晶片岩製で二二三センチ×一五〇センチ、中央に径五九センチの心礎の柄《ほぞ》穴と径二二・五センチの舎利孔が設けられている。範囲確認調査の結果、東に塔、西に金堂を配置する法起寺式伽藍配置と判明した。塔基壇と金堂基壇の一部が復元されている。出土軒丸瓦は六葉複弁蓮華文、軒平瓦に偏行唐草文を配置したもので、飛鳥の川原《かわら》寺《でら》を初見に藤原宮で盛行した軒瓦の組み合わせで、七世紀後半から八世紀初頭のものである。名古曽廃寺の周辺には、応其条里と呼称される条里地割りがある。古南海道は現存する地割りや小字名の関係から、寺域の南一町の地点を

2 名古曾廃寺 塔跡

走っていたと推定されている。

③神野々《このの》廃寺〔橋本市神野々〕

神野々廃寺は名古曾廃寺の南東一・二キロの地点にあり、紀の川の右岸、標高八七メートルの段丘上に立地する。確認された遺構は塔跡で、川原石を用いた乱石積基壇で、一辺一三メートルの規模をもつ。心礎は結晶片岩製で長さ二八六センチ、径八六センチで、中央部に径八六センチの枘穴を穿っている。

寺域については東に紀の川の支流の吉原川、西にも浅い谷筋が走ることから、一町半の寺域が推定されている。伽藍配置は塔跡の北側に顕著な遺構がなく、逆に西側に一段高い地形が存在することから、これを金堂跡と仮定して、法起寺式伽藍配置を想定している。八葉複弁蓮華文軒丸瓦と、内区に偏行唐草、外区上段に珠文、外区下段に凸線鋸歯文を配した軒平瓦が出土している。火頭形三尊塼《せん》仏などの出土もあり、軒瓦などから川原寺から藤原宮の時期までとして、短期間に廃絶したと考えられている。塔跡西側で検出された掘立柱建物、柱穴・溝は中世集落の遺構で、「高野山領官省符荘」の地であったことから、中世荘園の一部と推定されている。

神野々廃寺の寺域と南海道の関係は、寺域の南側、紀の川に近い下位段丘上を通っていたとする考え以外に、名古曾廃寺の南に小字大門があり、さらに北側に東西方向に「吉野大道」の小字名が存在することから、応其条里の北辺を斜行した古道が考えられる。それは神野々廃寺の北三町の付近にあたる。

④佐野遺跡〔伊都郡かつらぎ町佐野〕

和泉山脈より南流する小河川によって形成された複合扇状地上に営まれた、弥生時代中期から古墳時代にかけての集落跡。弥生時代中期の円形竪穴住居跡一五棟、同後期の方形竪穴住居六棟が確認されている。各種の土器、石器の他、蛇紋岩製の勾玉《まがたま》が出土している。

⑤佐野廃寺〔伊都郡かつらぎ町佐野〕

佐野《さや》遺跡の一画に営まれた奈良時代前期の寺院跡。小字に「塔の壇」の地名も残り、この付近から奈良時代の瓦類が出土している。発掘調査により、寺域は東西一町、南北一町半の範囲が推定され、東に塔、西に金堂が並び、その北に講堂、六角堂（回転式経蔵）などをもつ法起寺式伽藍配置であることが判明した。いずれの建物跡も礎石が失われているが、塔の心礎とみられる結晶片岩の大石が残されている。金堂から複弁七葉蓮華文軒丸瓦と重弧文軒平瓦、塔跡から藤原宮式の軒丸瓦や方形三尊塼仏、風招が出土した。講堂跡からも重圏文軒丸瓦と重郭文軒平瓦、塑像片と小型独尊塼仏が出土している。そのほか奈良時代から平安時代にかけての南北方向の掘立柱建物七棟が検出されている。この寺院跡は平安時代の『日本霊異記』に記述されている「狭野の寺」に比定する意見が多い。また、旧南海道は北一町付近を通っていたと推定されている。

⑥粉河寺〔紀の川市粉河〕

粉河寺《こかわでら》は光仁天皇の宝亀元年（七七〇）、大伴孔子古《おおとものくじこ》を開祖とする。国宝「粉河寺縁起絵巻」によって有名で、現在は西国三十三所の第三番札所として信仰を集めている。

考古学の資料としては平安時代の古瓦の出土も伝えられ、また正平一八年（一三六三）銘の軒丸瓦二種が出土している。鎌倉時代以降、寺内の整備が進められたが、天正の兵乱にあって諸堂は消失し、現在のものは江戸時代中期に復興されたものである。大門、中門、千手堂は重要文化財、庭園は国の名勝に指定されている。

また、あまり知られていないことであるが、本堂裏にある粉河産土《こかわうぶすな》神社背後の風猛山《ふうもうざん》から三基の経塚と井戸が検出され、一号経塚の経筒に天治二年（一一二五）の銘文が見られる。

この付近の古南海道は、「紀伊国粉河近傍図付井上荘絵図」に見られる「大路」の地名から、国道二四号線の南側、風市森《かぜいちもり》神社の南付近を通過していたことになる。

⑦紀伊国分寺跡〔紀の川市東国分〕

紀伊国分寺跡は、紀の川中流域の幅広い開析平野の中央部に立地している。寺域はゆるやかな北高南低の地形を選び、南面する形で造営されていた。

国分寺はその後荒廃したが、一部は八光山医王院として残っていた。寺域は不明な点もあるが、東西、南北それぞれ二町の範囲の中を、九十尺単位で八等分され、この区画の中で南西部を中心に東西四区画、南北六区画を伽藍中心部が占めていたことが判明した。南

3　紀伊国分寺跡と医王院の本堂

門・中門・金堂・講堂・僧房が一直線に並び、中門と金堂の中間の東側に塔、金堂と講堂の間の西側に鐘楼、東側に経蔵を配置していた。金堂・塔を囲む形で中門から講堂までを廻廊がめぐっていて、講堂と僧房を結ぶ軒廊が見つかっている。

出土品は奈良、平安時代の瓦類を中心に、土師器・須恵器・灰釉陶器・三彩陶器・金銅製品・漆箔製品・銭貨などがある。創建期の軒瓦が淡路国分寺と類似し、伽藍配置が讃岐国分寺と近似することが指摘されている。

古南海道には、小字の上使田、宮毛、城賀などの地名と現地の比定により、南三町を東西に走る直線的な地形をあてている。

⑧西国分寺跡〔岩出市西国分〕

紀伊国分寺から西へ八〇〇メートル、東国分と類似した地形の上に立地し、「塔の芝」の小字名が残っている。古くから知られていた心礎とみられる巨石を中心に、昭和五一年（一九七六）から二度の調査が実施されたが、後世に削平されていたため、基壇の一部が判明しただけである。塔は瓦積基壇で、復元すると一辺一三・八メートルであることが判明した。心礎は砂岩製で、長さ一八五センチ×幅一二〇センチ、高さ一〇〇センチの大きさをもっている。軒丸瓦は八葉重弁蓮華文軒丸瓦、八葉複弁蓮華文軒丸瓦が見られ、奈良時代前期（白鳳時代）に創建され、奈良時代後期の改修を経て廃絶したとみられる。国分尼寺説もあるが確定していない。

古南海道には、小字名の鎊本（坊元）、堺田の地名と残存する条里遺構から、南一町にみられる東西に走る水田畦畔をあてている。

⑨岡田遺跡〔岩出市岡田〕

西国分寺廃寺の南五〇〇メートルに所在する遺物散布地で、昭和五〇年（一九七五）、農地整備工事に伴う発掘調査で、奈良時代の掘立柱建物・土壙・溝などが検出された。出土品は七世紀後半から八世紀にかけての土師器や須恵器が中心で、特に須恵器の種類が多く、墨書土器も含まれている。また滑石製の分銅とみられるものが出土している。この遺跡は紀伊国分寺や西国分寺跡に近く、奈良時代那賀郡の中心地域に位置したため郡衙にあてる意見がある。

⑩山口廃寺〔和歌山市谷〕

和泉山脈を南北に横断する古道の一つに雄ノ山峠越え道がある。この古道は現在の阪南市の山中渓から南進し、和歌山市谷に至るもので、大坂街道（紀州街道）とも呼ばれ、この谷の地域で淡嶋街道と結ばれている。この雄ノ山峠越えについては平安時代以降の新南海道にあてる意見が強い。

堂垣内、門口などの小字名のある地域に塔心礎と思われる礎石が残っている。下部が埋まっているが、柱座の直径一二〇センチ、その中央に直径一八センチ、深さ二一・五センチの舎利孔をもった二重孔式心礎である。

⑪上野廃寺〔和歌山市上野〕

ＪＲ阪和線の北東一キロ、和泉山脈から延びる大きな尾根の先端部に立地する。伽藍は東西に広い寺域の中央に南門を設け、そこから高低差三メートルの崖面を登ると中門に至る。廻廊は東西方向に幅広く、その中に瓦積基壇の西塔と、塼積基壇の東塔を置く。塔の後方中軸線上に金堂を配し薬師寺式伽藍配置をとるが、地形の制約のため西塔の西側に東

4　大谷古墳の墳丘

向きの講堂を置き、廻廊がとりついている。この寺院跡から法隆寺式軒瓦が出土している。七世紀後半の寺院跡で、『続風土記』に「廃薬師寺」と記されている。

⑫大谷古墳〔和歌山市大谷〕

大谷古墳は、一二基からなる晒山《さらしやま》古墳群の中の一基で、和泉山脈の南裾、通称背見山と呼ばれる標高五〇メートルの尾根の先端に立地し、和歌山市域を一望できる好位置を占めている。全長七〇メートル、後円部径四〇メートルの規模をもつ西向きの前方後円墳で、後円部裾に円筒埴輪列をめぐらす。また須恵質の埴輪がある。

後円部中央に主軸に合わせて墓壙を穿ち、その中央に九州阿蘇の凝灰岩を用いた組合せ式石棺が安置され、墓壙の西縁には馬甲《ばこう》・馬冑《ばちゅう》・短甲《たんこう》、北側には複数の矛《ほこ》を置いていた。

棺内には若年者が埋葬され、武器・武具・玉類・耳飾り、小型素文鏡を副葬していた。特に注目された副葬品は馬甲と馬冑で、東アジアの騎馬民族の特徴的な馬装具であり、これらから、五世紀中頃から後半にかけて軍事活動で朝鮮半島に渡った、紀氏《きうじ》の一族の墳墓と推定されている。

なお付近には、楠見小学校の改築工事で弥生時代から古墳時代にかけての陶質土器が大量に出土した楠見《くすみ》遺跡や、七棟の巨大倉庫群が検出された鳴滝《なるたき》遺跡などがある。

また、南海道は大谷古墳のある背見山の南裾を通っていたことになる。

⑬木ノ本古墳群〔和歌山市木ノ本〕

標高五メートルに築かれた三基からなる古墳群。一号墳は釜山《かまやま》古墳と呼ばれ、径四〇メートル、高さ七メートルの円墳で、幅四メートルの周濠をもつ。頂上に箱式石棺の石材とみられる板石二枚が点在する。出土品には純金断片三、金銅片九、小玉四六、直刀、小札片などがある。

二号墳は車駕之古址《しやかのこし》古墳と呼ばれ、全長八三メートルの西向きの前方後円墳。早くからの開墾のため、埋葬施設は不明であるが、攪乱土中から金製勾玉・碧玉製管玉・ガラス小玉が出土している。付近に、埴輪片、土器片が散乱する。

三号墳（茶臼山古墳）は二号墳の西一七〇メートルの平地に存在する。円墳とされているが、付近の水田畦畔の状況から前方後円墳でなかったかと想定されている。直刀の出土が伝えられている。

当古墳群のすぐ南側を南海道が走っており、奈良時代以前から紀の川に沿った交通路が存在し、それらを整備、連結して後の古南海道になったものと考えられる。

四、まとめにかえて

遺跡、地名、地形から古道を推定することは大変なことである。南海道で解決していない問題は、国衙、郡衙、駅の位置である。国衙は現在JR阪和線の西方一キロの地点に府中の地名が存在し、紀伊国の国衙跡と推定されているが、紀の川市の国分寺から遠距離にあり、また国分尼寺跡についても判明していない。これ以外に、南海道に設けられた萩原駅の新旧の検討など、遺跡と関連して考えるには問題が多く、今後の発掘調査で判明することを期待したい。

ここで紀伊と和泉の交流にふれておこう。和泉の最南端は淡輪《たんのわ》である。この地は西と北は大阪湾、南と東は和泉山脈が走り加太まで繋がっている。この和泉側の最南端に巨大前方後円墳が二基存在する。北側の一基は宇度墓古墳、南側の一基は西陵《さいりょう》古墳である。両古墳とも古市や百舌鳥に点在する天皇陵クラスの大古墳である。さらにこの大古墳の中間に直径五〇メートル、西側に造り出しをもつ大円墳の西小山古墳が存在する。豊富な武器・武具の出土した古墳として著名である。私はこの古墳群を見ていると、『日本書紀』雄略天皇九年の条を思い出す。雄略天皇が大伴室屋《おおとものむろや》に対して「汝大伴卿、紀卿等と同国近隣の人、由来尚《ひさ》しとて……」とあって朝鮮半島で病死した紀小弓宿禰《きのおゆみのすくね》の墓造りを命じた話である。大伴・紀は同郷で、近隣として大伴氏の勢力圏に紀小弓の墓が造られた。この墓は西小山古墳と考えられている。

和泉山脈の孝子峠《きょうしとうげ》を通ると淡輪古墳群と木ノ本古墳群間の距離は約八キロ、優秀な武器・武具の出土古墳があり、淡輪技法と呼ばれている円筒埴輪の分布圏で共通している。

第4章

アジアの仏塔と大野寺土塔

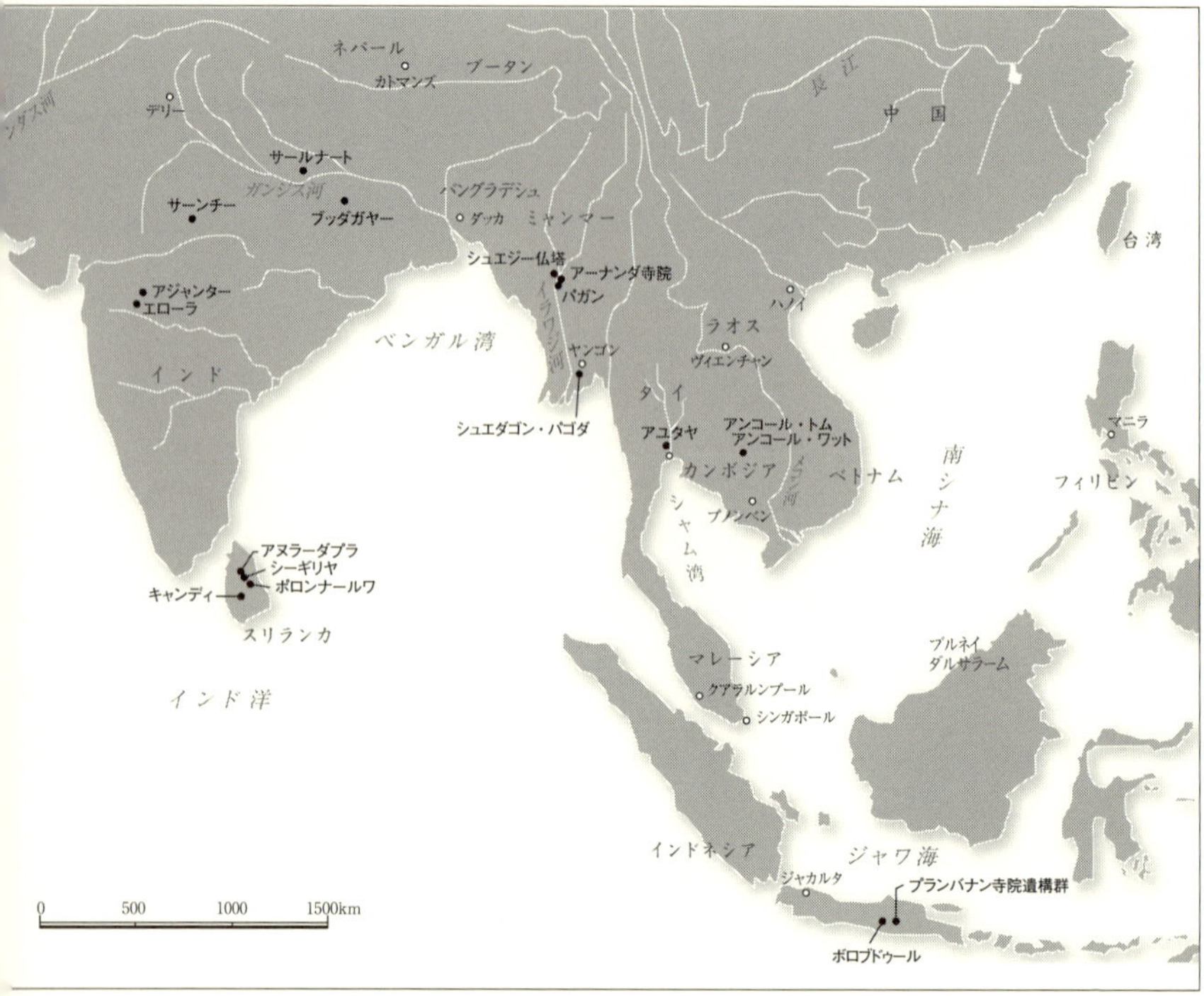

インド・東南アジアの仏教遺跡（本章に関係する遺跡を中心に示した）

一、はじめに

大野寺土塔は塔の一種である。塔はパーリ語で「トフバ Thūpa」、サンスクリット語では「ストゥーパ Stūpa」、漢語では「卒塔婆」としている。これは「仏陀の骨や髪または一般に聖遺物をまつるために土石を椀形に盛り、あるいは煉瓦を積んで作った建造物」(『広辞苑』「塔」)をいう。土塔の上部構造は不明な点が多いが、頂部などに相輪状のものが置かれていたと推定されている。四角錐の土盛の下部には瓦積基壇で化粧して、盛土の傾斜面は瓦葺にしていた。また上部の相輪部を須恵質の露盤や相輪で装飾していたと想定されている。これは世にも不思議な構造物である。

二、仏塔の源流を求めて

まず仏教の初歩から勉強することにしよう。仏教とはいうまでもなく、仏陀の説いた教え、また仏陀になるための教えで、「仏陀」は真理を悟った者という意味である。仏陀は紀元前五世紀頃、北インドヒマラヤ山麓のカピラ城の城主浄飯王《じょうぼんのう》の王子として生まれ、母を摩耶《まや》といった。初名はゴウダマ・シッダルタ。人々の生老病死の四苦を救うために二九歳の時、宮殿を遁れて出家し、苦労苦行した。三五歳の時、ブッダガヤーの菩提樹の下で正覚（さとり）を得、それ以降、仏法を説くこと四五年、クシナガラの沙羅双樹の下で入滅、釈尊と尊称される。

仏陀入滅後その教えは各地に広く伝えられ各所に寺院などが建立された。次節以降、インドや東南アジアにおける仏教の受容と代表的な遺跡を紹介する。

三、インドの仏教遺跡

インドでの仏教の発展と普及については紀元前四～前二世紀のマウリヤ王朝に始まるといっても過言ではない。しかしその発展の歴史やそこで生まれた仏教文化について詳述するページ数がないため、ごく一部の遺跡を紹介するにとどめる。

①サーンチー

サーンチーはインド中央にある代表的な仏教遺跡。三基のストゥーパと欄楯《らんじゅん》（塔を囲う柵）は初期仏教美術の重要資料となっている。

第一塔は直径三七メートル、高さ一六メートル、基壇・塔身・平頭・傘蓋《さんがい》のどれをとってもストゥーパの教科書を見ているようである。東門・欄楯などの構造は木造建築が石造に、また石造が木造へと変っていく過程を考える上で参考になる。ここでは古代インド美術の粋、東門のヤクシー像に見とれた。

第一塔のかたわらに一七号寺院、一八号寺院など五、六世紀頃の寺院がある。少し離れて第三塔がある。直径一〇メートル、塔門は南側に設けられている。覆鉢は球体を半截した丸みをおびた曲線をもつ。この塔から仏陀の高弟、舎利弗《しゃりほつ》と目犍連《もくけんれん》の舎利容器が発見されている。

②アジャンター石窟

インド中部にある仏教寺院。二九の石窟のうち九・一〇・一九・二六・二九窟がチャイティア（祠堂）窟、他はビハーラ（僧坊）窟。紀元一世紀の一〇窟を最古にして、最終は七世紀頃に及んでいる。その中で一六窟は石窟の奥中央に縦長、土饅頭形のストゥーパを置き、その正面に仏陀の立像を配置する。第一窟御廟の蓮華手菩薩像の壁画は法隆寺金堂壁画の源流とされるものである。アジャンターを訪れた建築史家の千原大五郎氏は、「アジャンター石窟群の造形は石に彫刻された木造寺院建築」（『南の国の古寺巡礼――アジ

1　インド サーンチー大塔の外観

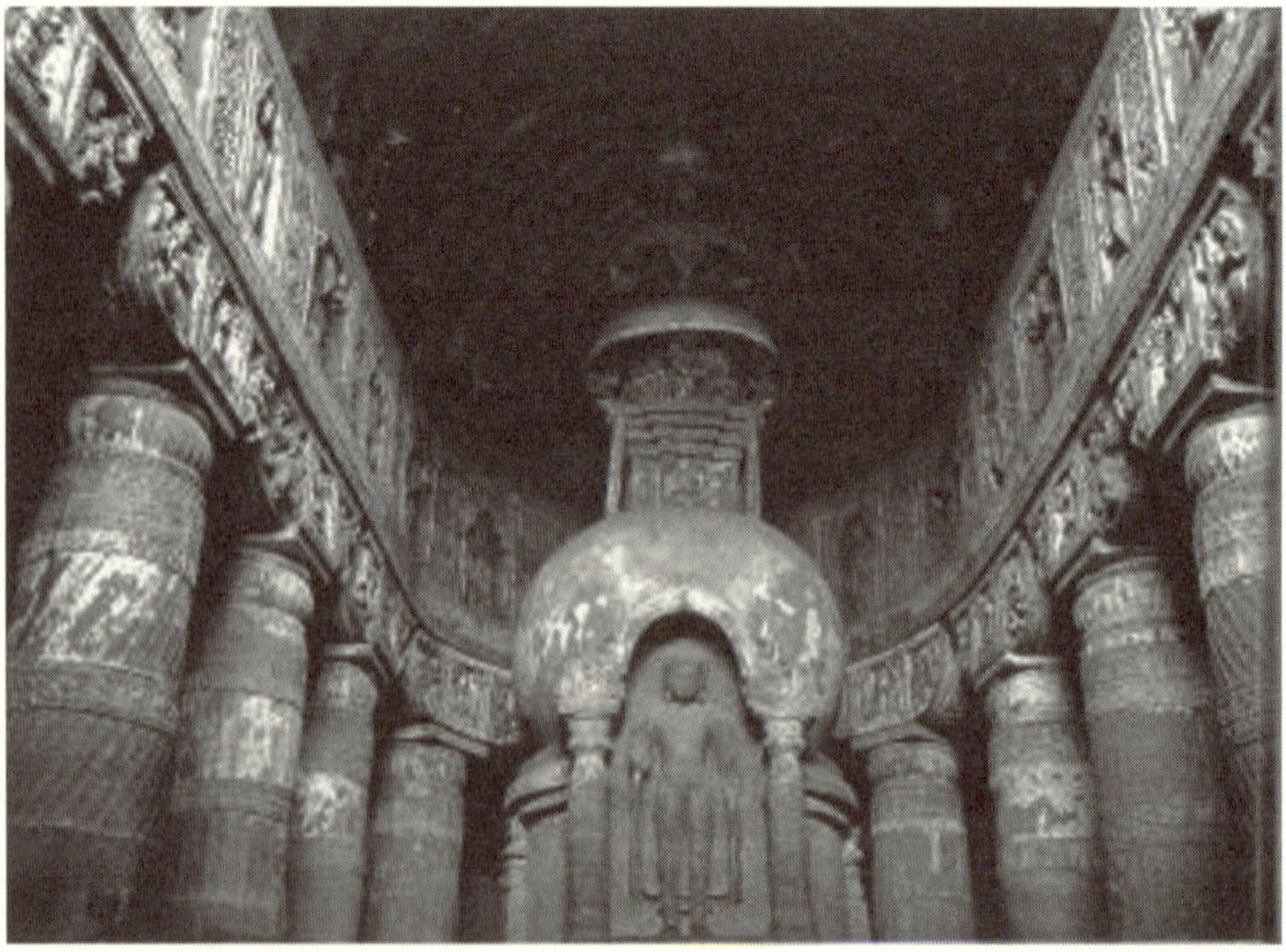

2　インド アジャンター16窟の内部

ア建築の歴史』ＮＨＫブックス、一九八六年）と表現している。

③ブッダガヤー大塔

ブッダガヤー大塔は、仏陀が悟りを開いたゆかりの地にマウリヤ朝第三代のアショーカ王が小精舎を開いたのに始まるとされている。ここに五世紀末から六世紀初にかけて大塔が建立された。この基壇の中央部に高さ五〇メートル以上の大塔を据え、その四隅に同形の小塔を配置して塔下の一室に仏陀像を祀っている。さらに大塔の欄楯には仏陀の一代記が彫刻されている。サーンチー大塔の欄楯の彫刻とともに傑出している。

四、スリランカの仏教遺跡

スリランカへの仏教伝来は、歴史書『マハーヴァンサー』によると、紀元前二五〇年、インドのアショーカ王が、その息子マヒンダを遣わせて、当時のスリランカ王デーヴァナンピヤ・ティッサ王に伝えたという。

スリランカの代表的遺跡として次のものがある。

①ミヒンタレーの寺院

仏教伝来の話が伝わるミヒンタレーの地は、首都コロンボの北東一五〇キロ、南インドに近い山地に位置する。ここにはカンタカ・セティヤ仏塔、マハーツーバ仏塔、アムバスタレー大塔があり、三大仏塔といわれている。いずれも仏教伝来に関わる遺跡である。

②アヌラーダプラ遺跡

紀元四世紀頃、仏陀の歯を祀るために仏教寺院が建立された。数おおい仏塔の中でもジェタヴァナ・ラーマヤ、アバヤギリ塔、ルアンベリ塔、宮殿跡、沐浴場などが存在する。ジェタヴァナ塔は四世紀頃の創建。元の高さ一二〇メートル、平頭を除いて当初のもので煉瓦積、漆喰仕上げで塔身（覆鉢）の盛上りには迫力がある。次にアバヤギリ塔はそれよりも古く二世紀の建立。高さ一一〇メートルの大墳墓といったところルアンベリ・サーヤ大塔も一一〇メートルの高さを誇っていたという。

サンガ（教団）が競って大塔の建立に走ったことをうかがわせる。

3　スリランカ アヌラーダプラ遺跡のジェタヴァナ塔

4　スリランカ シーギリヤ遺跡

③その他

ポロンナールワ、シーギリヤ、ダムプーラなどの仏教遺跡が著名である。ポロンナールワは一二世紀のシンハラ王朝の首都。注目したのはアタダーゲと呼ぶ円形祠堂。直径三三メートル、二重基壇の中心に円丘状のストゥーパ、それに接して東南西北の四方に外向きに仏坐像を安置する。またその外側に軒廊状の施設があり、これをドームが覆っていたと想定されている。次にシーギリヤは頂上に至る山道の岩陰に壁画が描かれていて、インドのアジャンター壁画、シーギリヤ壁画、法隆寺金堂壁画と、世界の三大仏教壁画に位置づけられている。

スリランカでは宮殿の屋根構造に注目した。アヌラーダプラ遺跡の九層の宮殿跡は方形造の大形建物で屋根と頂部の飾りをみると、土塔の復元図と近似するところが多い。

五、ミャンマーの仏教遺跡

ビルマ族を中心とした多民族国家。人口の九〇パーセント以上が仏教徒。旧首都のヤンゴンにあるシュウエダゴン・パゴダの建立の経緯の中に仏教伝来の話がある。その話は、

5　ミャンマー アーナンダ寺院の外観

商人タプッサとバリカがインドに行き仏陀から八本の毛髪を与えられた。この毛髪をこの地を治めていたオカラバ王に進呈し、王はそれを祀る仏塔を建てたという。他にスーレー・バヤ、チャウッタヂ・バヤ、パゴーのシュエモード仏塔と高い基壇の上に釣鐘形で細くのびる頂部飾りが天に至る形をとる。

①シュエジー仏塔

バカン王朝初代と二代目によってシュエジー仏塔が建設された。中央の仏塔とその四方に設けられた小祠堂からなりたっている。各祠堂には青銅製鍍金の四方仏を配している。これらは一一世紀の代表作である。

②アーナンダ寺院

バカン王朝三代チャジツタ王が一二世紀前半に建

立。インド、パーラ王朝の影響を強くうけた仏教遺跡。

③バカン五千坊の遺跡

バカンの仏教遺跡をすでに紹介したが、バカンはマンダレーの西北一二〇キロの地点にある。西はイラワジ河、北と東は高原地帯を背景としている。七世紀にピュー族による都市国家が繁栄したが、八世紀代に南下したビルマ族によって滅ぼされた。ビルマ族は七世紀中頃、ここに都城を築き仏教王国を出現させた。乱立する仏塔は壮観である。

六、カンボジアの仏教遺跡

九、一〇世紀にかけて発展したクメール王朝は、仏教と、ヒンドゥー教との共存共栄を図って独特の宗教文化を構築した。アンコール・ワットなどはその代表である。

①アンコール・ワット

クメール王朝の最盛期、一二、一三世紀に建立された大寺院。方形多層の基部の上に方錐状に屹立した高い塔を配置する。それを中心にして三重の回廊をもつ寺院本体を構成す

6　カンボジア アンコール・ワットの景観

7　カンボジア アンコール・トムの外観

る。周囲には方形の水濠をめぐらせており、その範囲は、南北一・三キロ、東西一・五キロに及んでいる。クメール王朝最盛期の寺院である。

②アンコール・トム

一三世紀初頭、ジャヤーヴァルマン七世により第四次の王国首都として造営された。周囲一辺三キロ、中央に世界の中心としてみたてたバイヨンの仏塔を置き、さらにその北側に王宮を造営した。

以上の他に、各地に仏塔をもつ寺院が建立されたが、寺院周辺には、トンレサップ湖、西バライ、東メボン、スラスランなどの多くの灌漑用貯水池を造り農業用水の確保に努めていたことが判明している。

行基の足跡を訪ね歩き行基の造った灌漑用溜池と溝を見てきたが、クメール人も人工池と水路の建設で農業による富国強兵策をなしとげた様子が想像された。

七、インドネシアの仏教遺跡

8　インドネシア ボロブドゥール

①ボロブドゥール

ジャワ島の南西部、ジョクジャカルタ郊外にボロブドゥールがある。二つの丘を削平、整形してここに石造の大寺院を建立した。方形段築状に土盛をして石積によって表面に化粧を施している。外観は広い基壇上に方形六層の回廊と円形三層の円壇、そしてその上に中心ストゥーパを置く。檀上の回廊には仏龕、壁面には仏殿の浮彫を施している。基壇端から中心部まで、五五・七五メートル。高さ三一・五メートルの巨大な建造物である。さらに中央部に高さ九メートルの大ストゥーパがあったと推定されている。八世紀前半から九世紀中頃までに建造されたとみられている。

七世紀代に仏教が伝来し、この地を治めていたシャイレーンドラ王は大乗仏教を信仰し、在地の原始宗教をとり込み、さらにヒンドゥー教とも共存を図って強大な国家を成立させた。ボロブドゥールはこの国家の一大モニュメントである。

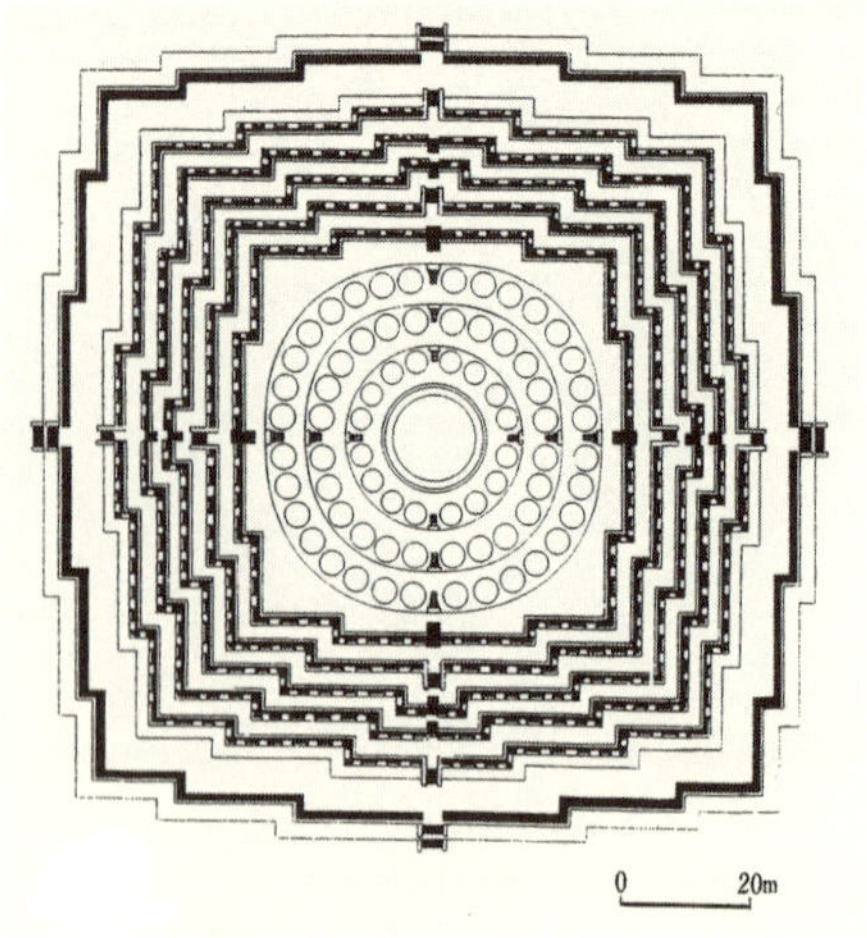

9　ボロブドゥールの平面
（千原大五郎『南の国の古寺巡礼』〈NHKブックス、1986年〉より）

②プランバナン寺院遺構群

中部ジャワ、プランバナン平野に立地する仏教とヒンドゥー教寺院群、ロロ・ジョングランはその代表で九世紀中頃の建造。この石塔については、ロロ・ジョングランの伝説との関係がしばしば紹介されているが、仏教美術史の田村隆照氏は「あまり過剰な寓意的解釈は時に真相を見失うおそれがある」として論理の飛躍がみられると批判している。つづいて造立の「直接の典拠はやはり華厳経であり、舎利を中心とした塔と、悟りへ導く修行壇の複合と理解し、蓮華蔵世界を五方五仏の曼荼羅布置に表現した特異なもの」（佐和隆研編『インドネシアの遺跡と美術』日本放送出版協会、一九七三年）と見解をまとめている。

八、アジアの仏塔の変遷

仏塔の変遷をまとめると、次のようになる。

①覆鉢型(甲高式)　インドのサーンチー大塔を基準にする甲高に盛り上げた形をいう。スリランカの塔はインドの仏塔の伝統を受け継いだものである。

②重壇型仏塔　縦長の覆鉢部を載せる基壇をひな壇のように裾広に造った塔。基壇は方・円を相互に組み合わせている。ミャンマーのサートマハール・プラサダ塔はその代表である。

③円錐型仏塔　覆鉢部を上部に細く、高く引き伸ばした形式をとる。ミャンマー、タイの仏塔は基本的にこの型式で基壇・傘蓋・塔身の装飾などが時代により変化する。また仏像を安置することで仏殿への変化も見られる。

④釣鐘型仏塔　裾広がりの洋風釣鐘（通称ベル型）の仏塔。最下段が裾広がり、波状の装飾を施す。傘蓋は形式化して細くとがった形をとる。

⑤複合式仏塔　一つの基壇の上に多数の仏塔を安置し、全体として統制のある一大仏塔を形成する。例としてインドネシアのボロブドゥール、カンボジアのアンコール・ワットなど。仏教やヒンドゥー教の違いはあっても回廊に仏殿や説話を浮き彫りにしたパネルをめぐらす。

いずれも、私の求める土塔のような方錐形で高さのない構造物とは程遠い状況である。

ところで、私が観光を兼ねてインドからインドネシアにかけての仏跡踏査を行ったのは、偉大な建築史家の研究に触発されたからである。その人は伊東忠太（一八六七〜一九五四）である。伊東は日本の建築を理解するには中国、インド、東アジアの国々の建築を知ることがいかに重要か、日本建築の源流を学術的にたどるには日本仏教伝来の道を調査することと、そのためには、日本への窓口であった朝鮮から中国、インド、オリエントへの調査を行うことを重視して実践した。これを東洋建築踏査旅行といっている。伊東はこれより前、法隆寺中門の柱を見てギリシャ建築のエンタシスであると看破した。ギリシャ文化はアレキサンダー大王によってインドに伝えられ、それは仏教文化とともに中国、日本へ、また東南アジア諸国に伝わった、との考えをもとに「日本建築史の体系化」と、「建築装飾術」をきわめた。

伊東の建築作品には日本建築の伝統を踏襲した平安神宮の建築がある。平安神宮は平安宮大極殿を模したものである。オリエントやインドの建築様式を取り入れたものとして西本願寺伝道院、築地本願寺がある。ユニークな作品としては京都東山区の大雲寺の祇園閣がある（ジラルデッリ青木美由紀『明治の建築家伊東忠太――オスマン帝国をゆく』ウェッジ、二〇一五年、参照）。

改めて伊東の作品と大野寺土塔を重ね合わせて、私は、土塔の建立は奈良時代の伊東忠太が設計・監理を行い、施工業者は土師氏であったろうと想定して楽しんでいる。

八、まとめにかえて

仏塔は仏陀の舎利を納め信仰した施設である。そこに仏伝などを絵画的に表現して布教に役立てた。インドでの仏塔は基壇の上に半球状の覆鉢に相輪を付けた覆鉢塔を始源とする。次に石窟内に仏塔を設置して巡拝する形をとり、北方への仏教伝播とともにガンダーラの地で多様な変化をとげる。さらに仏教の東漸とともに、北魏では楼閣と結びつき塼積塔や木造塔へと変化して行くが、インドネシア、カンボジアに見られる仏塔は、各地の原始宗教やヒンドゥー教とも融合し、その地を治める大王たちの宗教観も加わって変容して行く。これを一つの系譜の中で理解することは大変むずかしいことである。

インドを起源とする仏教文化の日本への伝来は、海上ルートでスリランカ→バングラディシュ→東南アジア諸国→中国南部→朝鮮半島・日本というルートが考えられる。インドと東南アジア間には、西から東への季節風があった。この風を利用した交易が盛行したことは貿易風の名前を今に残していることからもわかる。

インドから東南アジア、中国への仏教の伝播はこれを南伝仏教といっている。中国南朝への朝貢外交、またインドから海路で帰国した法顕、義浄や東南アジアなどに仏教を求めた新羅僧などもいた。ここで少し詳しく見てみると、中国唐代の人、義浄（六三五～七一五）が南海の室利仏逝（インドネシアのパレムバング）に滞在中に『南海寄帰内法伝』を撰述した。この中に南海ルートを使った一一人の高僧を紹介しており、その中に新羅僧二人が含まれていたと記している。なにかこれと対応するかのように、斎藤忠『図録東西文化交流史跡』（吉川弘文館、一九七八年）の図版一一六と一一七には、新羅統一時代の積石塔が紹介されている。図版一一六は韓国慶北安平面の積石塔で一辺一二メートル、高さ約五メートルの大きさで、二段目に仏龕を設けている。これは岡山県熊山遺跡の石塔にも類似していて、東南アジアの仏塔の流れを強く感じる遺構である。また日本と新羅の文化交流が盛んであった話として、行基の師、道昭が入唐した帰りに新羅国で『法華経』を講じた話が『日本霊異記』に見られる。これなど、新羅僧との交流を通して仏教文化導入の機会があったとみることができよう。

再び日本の仏塔の話にもどそう。日本の仏塔をその性格から大別すると、①国家の威信をかけて造立した木造の巨大塔、②名もなき民衆が力を結集して築き上げた大野寺土塔、との二種類がある。しかし今日まで創建時の姿を残しているのは土塔のほうである。改めて土塔の傍らに立ち、視線を水平にして遺構全体を見ると、それは木造塔の最上部の屋根を見ている感じがする。緩やかな傾斜面は飛鳥・奈良時代の木造塔の屋根勾配と同じである。しかし視点を下位に移すと、高い基壇は東南アジアの仏塔に近似してくる。やはり東南アジアの影響を受けているとみたい。

東南アジアの仏塔を見て廻って感じたことは、思想的背景として須弥山世界という広大な宇宙観に裏付けされていたと思われることである。インド亜大陸の実際の地形をも反映した仏教的世界観をいう。中心にはスメール（須弥）、漢語で妙高と訳される山が聳えている。次にこれを取り囲む同心方形の山々が七峰。七峰のうち外側は尼民達羅《にみんだつら》というが、この外側に東西南北四つの州がある。これらは円筒状の形で上部を金輪、下部を水輪といい、さらに基礎部を風輪と呼ぶ。各々に大きさは由旬という単位で表現している。

須弥山を中心とした七峰が七重回、そ

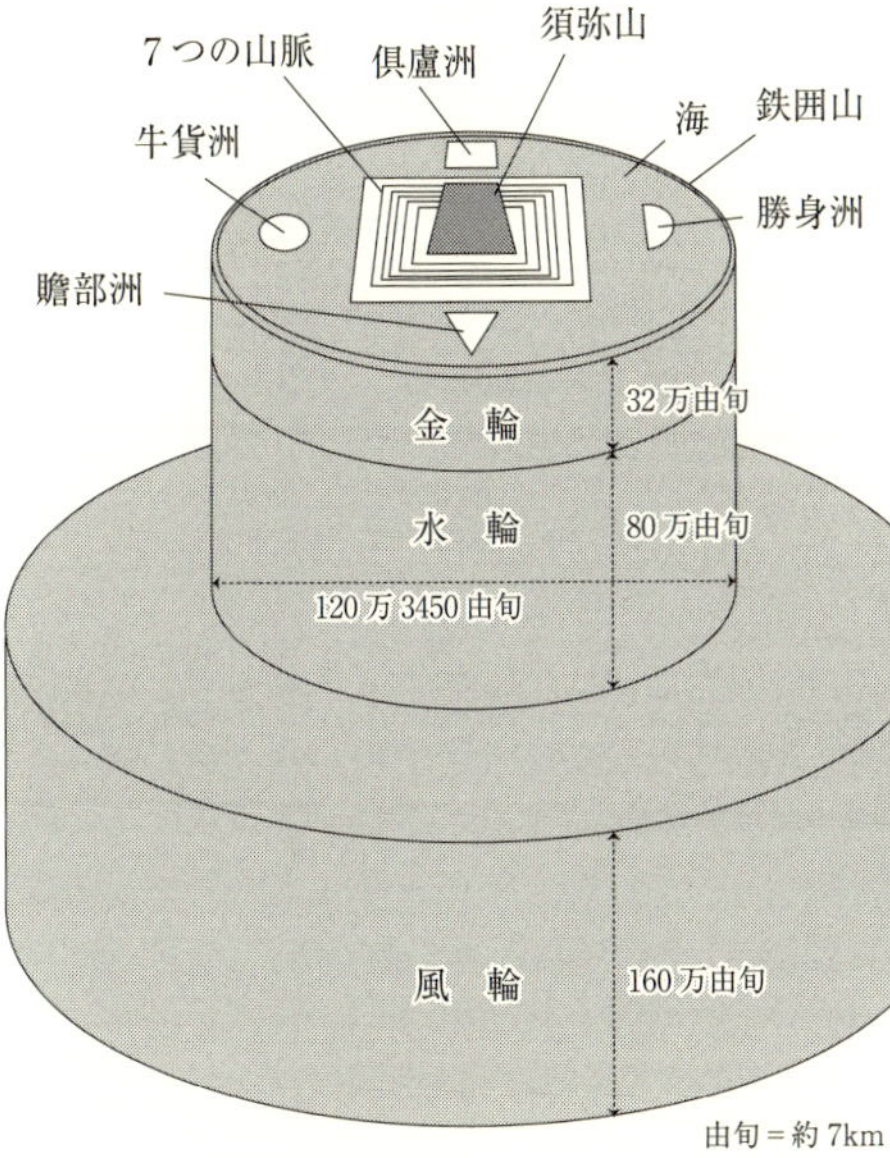

須弥山世界の俯瞰図

の下の金輪以下の円筒状の部分、これはストゥーパを表現していると私はみている。インドのサルナートにあるダメーク塔は円筒形で須弥山の立体感とよく一致する。

須弥山世界の平面形を表現したものにカンボジアのアンコール・ワットを考えてみた。建物配置や水濠の配置は須弥山を演出したものと臆測を重ねて楽しんでいる。方錐形仏塔の裏面に何か読み解けない世界が隠れているように思う。

あとがきにかえて

大和三山の一つ畝傍山《うねびやま》の南麓に橿原神宮が鎮座し、その南側には近鉄南大阪線の線路を間に挟んで久米寺《くめでら》の境内が広がっている。

久米寺の創建については、『久米寺流記《るき》』に聖徳太子の御弟、来目皇子《くめのみこ》の建立とする。本堂・多宝塔・鐘楼などの諸堂があり、なかでも七重塔跡は心礎を含む礎石類がよく残っている。この寺の正式名は「霊禅山東塔院久米寺」となっており、久米寺の東塔を中心とした伽藍部分が境内地として残ったようである。また西側の久米町の集落内には西院伽藍の残影が見られる。さらに久米寺の境内に接して久米御縣神社《くめのみあがたじんじゃ》がある。

このあたり一帯は久米邑と呼ばれたところ、久米氏の本貫地、この西には大伴氏の勢力圏が広がっていた。

1　久米寺 山門

久米寺の創建伝承には来目皇子とは別に久米仙人の説話がある。『多武峯略記《とうのみねりやつき》』には、久米（仙人）は吉野の竜門で修行して、法力を得て仙人となった。時に藤原京の造営が始まり、仏菩薩の加護を得て材木を空に飛ばして運び造営工事に協力した。ある時、空を飛んでいた久米は吉野川で衣を洗っていた若い女性の脛を見て欲情を起こし、地上に墜落したという。後に久米はこの女性と結婚して、この地を治め、久米寺を建立したのだという。仙人でも迷うところがおもしろい。『多武峯流記』でも、ほぼ同じストーリーであるが、久米川のほとりとなっていて、女性が衣を洗っていた伝承地には「いも洗い地蔵」が建ち顕彰されている。

久米寺から南へ歩くと橿原ニュータウンと称して住宅街が広がっている。もとは、平安時代の弘仁一三年（八二二）、先の監察藤納言（藤原縄主《ふじわらのなわぬし》か）と紀大守末等《すえとも》が築造した益田池のあったところである。

葛城斜行道路と点在する遺跡（国土地理院「電子国土web」を加工して作成）

2　吉祥草寺の境内

3　益田池堤

池の所在は「池之爲状也。左龍寺、右鳥陵。大墓南聳。畝傍北峙。来眼精舎鎮其艮。武遮荒壟押其坤」（池の状たるや、龍寺を左にす、鳥陵を右にす、大墓南に聳え、畝傍北に峙てり、来眼精舎其の艮に鎮めたり、武遮《むしゃ》の荒壟《あらかわ》其の坤を押せたり）（『大和州益田池碑銘並序』）とある。鳥陵や大墓の比定に異論はあるが、畝傍山の南、久米寺の西南に益田池が位置したことはこの文面のとおりで、大堤と導水のための樋管が高取川（古代の久米川）の川底から出土している。益田池の大堤に立ち南西を望むと、新沢千塚古墳群の丘陵を通して、川西、一町《かずちょう》の水田地帯が広がり、その向こうに御所市茅原《ちはら》の集落がかすんで見え、そのはるか上に葛城、金剛の山並みが連なっている。この二つの山間が水越峠で南河内に繋がっている。古代では金剛山の方を葛城山といったらしい。御所市茅原は役小角《えんのおづぬ》（役行者）の生まれた地で吉祥草寺という古寺がある。このあたりの水田畦畔や水路に条里と異なる斜行道路の痕跡が残っている。吉野川流域から、五條経由で鴨神《かもがみ》までくると、高鴨神社の社殿が聳えている。神社の東側は風の森峠、この近くで古代の道路遺構が検出されている。遠くに鴨都波《かもつば》神社の杜が見えるが、宮戸橋から、御所市室、池之内、蛇穴《さらぎ》、茅原と畦畔や水路で斜行道路の痕跡を追えば吉祥草寺にたどりつく。『日本霊異記』上巻・第二八縁に、「役の優婆塞は、賀茂の役の公」とあって、役小角は修業の結果、『孔雀経』の咒法《じゅほう》を修習して奇異の験術を会得した。吉野金峯山と葛木山に橋を架けたり鬼神を使役したという。一言主大神《ひとことぬしのおおかみ》の訴えによって伊豆に流されるが、いつの間にか入唐し、さらに新羅に渡っていた。行基の師、道昭が新羅の山中で『法華経』を講義した時、聞いていた一〇〇匹の虎のうちの一頭が役行者であったらしい。

久米寺と吉祥草寺間は斜行道路で四・七キロ、吉祥草寺と金剛山間は直線距離で約八キロ、吉祥草寺と一言主神社間は南西に三・七キロである。

さて行基と二人の謎の伝説上の人物を年代で示すと、次の図のようになる。

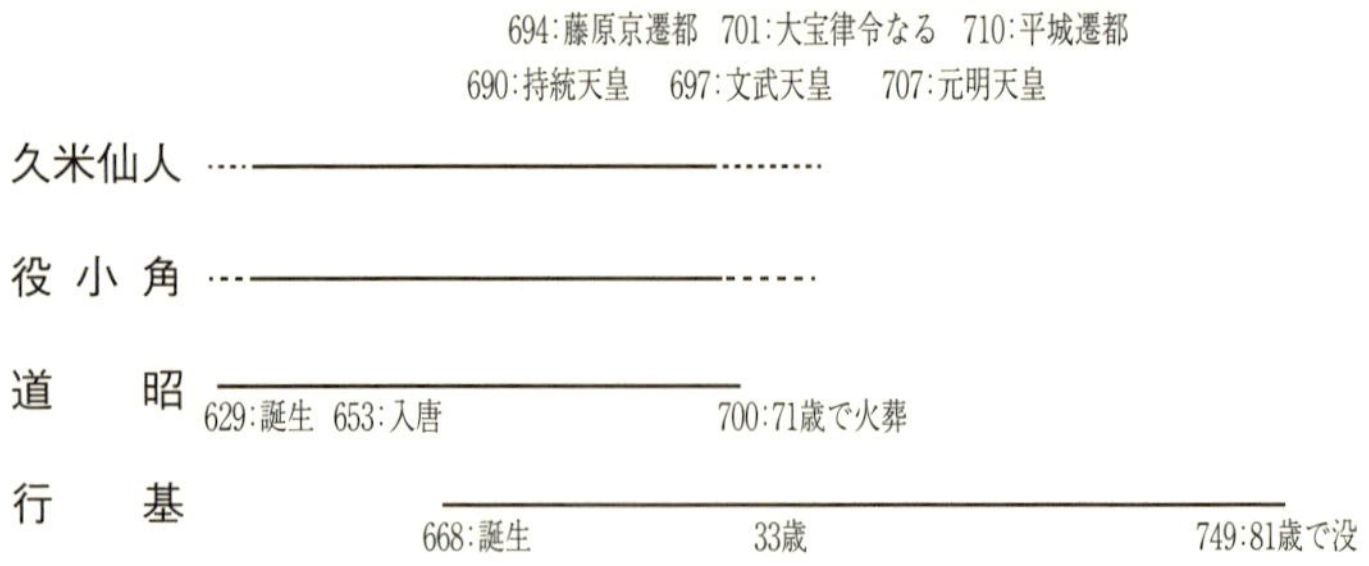

本書は第3章「7　吉野川流域の社寺を訪ねて」で人間味のある久米仙人の修業の地を訪ね、「8　南海道を歩く」で畿内と南海道の国境を示し、背後の大和葛城から紀泉山脈の西端、和歌山市加太までを紹介した。古代の葛城山は文殊菩薩の地、役小角にとっても修業の地で、金峯山に渡した橋の北の端にあたっている。

私の「行基」を主題にした歴史の道歩きは、①まず行くまえに地誌を調べ、②あちらこちら寄り道をして古跡を調べ、③持ち帰った資料や写真を整理するというもので、三度の楽しみを得ている。

行基の一生をみると、民衆の生活を第一に鋤や鍬を使って土と格闘する姿が浮かんでくる。私は行基のような人生を送ることはできないが、発掘調査現場で半生を送った者として、何か共通性を求め社会に恩返しをしたいと思っていた。そのようなかで、奈良市丹生出身の由良哲次先生が基金を拠出・設立された公益財団法人由良大和古代文化研究協会の運営に関わることになった。深く関わって三〇年、私利・私欲を捨て、報酬を求めないことを旨として努力している。由良哲次先生や末永雅雄先生のような生活に近づくことはできないが、法人設立の趣旨に「大和の古代文化の解明」とある。由良財団はこの趣旨に沿った研究や講演会、展示助成を行って、若手研究者の成長を楽しみにしている。

本書の出版を勧めていただいた近鉄ＧＨＤ・近畿文化会の杉本昌弘広報部部長、同じく北河原州子さん、また前任の武部宏明広報部部長にお礼申し上げます。また出版を引き受けていただいた株式会社法藏館と同編集部の今西智久さん、同販促部の秋月俊也さんに感謝申し上げます。

最後になりましたが、踏査に御協力をいただきました関係市町村の方々にお礼申し上げます。

二〇一八年八月二日

泉森　皎

調査協力・資料提供者（敬称略）

家原寺
巨椋神社
嘉祥寺
辛国神社
看景寺
喜光寺
敬正寺
久修園院
久米田寺
繼塚寺
昆陽寺
雙栗神社
城南宮
称名寺
神童寺
泉橋寺
高石神社
田中神社
得生寺

葛井寺
藤森神社
伏見稲荷大社
仏国寺
屯倉神社
野中寺
合田茂伸
石田太一（竹林寺管理人）
茨木敏仁
植田隆司
上田　睦
上野勝巳
大坪州一郎
奥野信太郎（久御山町教育委員会）
梶川敏夫
河内一浩
國下多美樹
小林澤應（喜光寺）

近藤康司
下大迫幹洋
白神典之
杉本　宏
田中久夫
坪内淳仁
中島　正
長宗繁一
鍋島昌宏
野島　稔
樋口めぐみ
藤井保夫
藤森長正（藤森神社）
堀池春彰（東大寺）
三木善則（御香宮神社）
森岡秀人
森下恵介
森村健一
藪　元晶

山上　弘
山下隆次
山田良三
吉井克信
伊丹市教育委員会社会教育課
井手町教育委員会
宇治市教育委員会
宇治市歴史資料館
大阪府立近つ飛鳥博物館
大山崎町歴史資料館
京都市生涯学習センター
（公財）京都府埋蔵文化財調査研究センター
久御山町教育委員会社会教育課
奈良国立博物館
みはら歴史博物館

主要参考文献

泉森皎『河内の古道と古墳を学ぶ人のために』（世界思想社、二〇〇六年）
井上薫『行基』（人物叢書、吉川弘文館、一九五九年）
井上薫編『行基事典』（国書刊行会、一九九七年）
上田正昭編『探訪古代の道1・2』（法藏館、一九八八年）
上田正昭編『探訪古代の道3　河内みち行基みち』（法藏館、一九八八年）
大阪府の歴史散歩編集委員会編『大阪府の歴史散歩　上』（山川出版社、一九七五年）
京都府歴史遺産研究会編『京都府の歴史散歩　下』（山川出版社、二〇一一年）
佐藤健『南伝仏教の旅――近代化する東南アジアの中の宗教』（中公新書、中央公論社、一九八九年）
堺市市長公室文化部文化財課編集『堺の誇り土塔と行基』（堺市、二〇一〇年）
堺市博物館編『行基　生涯・事跡と菩薩信仰――没一二五〇年記念特別展』（堺市博物館、一九九八年）
千田稔『天平の僧 行基――異能僧をめぐる土地と人々』（中公新書、中央公論社、一九九四年）
平岡定海・中井真孝編『行基・鑑真』（吉川弘文館、一九八三年）
吉田靖雄著『行基と律令国家』（古代史研究選書、吉川弘文館、一九八七年）

初出一覧

※号数はすべて近畿文化会編『近畿文化』。本書収録にあたり題名変更、改稿を行った。

第1章　大和と河内
1　二上山北麓——穴虫から逢坂・関屋の里を歩く　新稿
2　近つ飛鳥の里　第七〇九号（二〇〇八年一二月）
3　羽曳野丘陵中央部を歩く　第七〇二号（二〇〇八年　五月）
4　河内から摂津へ——中高野街道　第七二一号（二〇〇九年一二月）

第2章　行基の足跡を訪ねて
1　行基と和泉　第七四五号（二〇一一年一二月）
2　行基と河内　第七五〇号（二〇一二年　五月）
3　行基と摂津猪名野・武庫・兵庫　第七五七号（二〇一二年一二月）
4　行基と大和・その周辺　第七六二号（二〇一三年　五月）
5　行基と土塔　新稿

第3章　行基の残影を求めて
1　南山城の古社寺と遺跡　第七六九号（二〇一三年一二月）
2　巨椋池と宇治川流域の社寺と遺跡　第七八一号（二〇一四年一二月）
3　京都伏見丘陵の古社寺と古墳　第七八六号（二〇一五年　五月）
4　木幡と伏見・桃山丘陵を歩く　第七九三号（二〇一五年一二月）

5　鳥羽・伏見の史跡を訪ねて　第八〇〇号（二〇一六年　七月）
6　久御山町、山城三川の合流地と巨椋池南西岸　第八〇五号（二〇一六年一二月）
7　吉野川流域の社寺を訪ねて　第七一七号（二〇〇九年　八月）
8　南海道を歩く　第七三三号（二〇一〇年一二月）
第4章　アジアの仏塔と大野寺土塔　「インド・東南アジア紀行――南伝仏教の聖地を訪ねて」（『御影史学論集』三八、二〇一三年一〇月）を大幅に改稿

索引

さ 行

著者略歴

泉森　皎（いずもり　こう）

1941 年、大阪府生まれ。関西大学文学部史学科卒。奈良県立橿原考古学研究所副所長、同附属博物館長を経て、現在、特別指導研究員。公益財団法人由良大和古代文化研究協会業務執行理事。文学博士。

著書に『近畿の古墳文化』（学生社、1999 年）、『大和古代遺跡案内』（吉川弘文館、2001 年）、『河内の古道と古墳を学ぶ人のために』（世界思想社、2006 年）、『大和の古墳』（編著、近畿日本鉄道・人文書院、2003 年）、『日本考古学を学ぶ人のために』（編著、世界思想社、2004 年）など多数。

本扉および第 1 章～第 4 章の扉図版
「行基菩薩伝絵巻」堺市・高倉寺蔵
写真提供 堺市博物館

行基と歩く歴史の道

二〇一八年一一月一五日　初版第一刷発行

著　者　泉森　皎
発行者　西村明高
発行所　株式会社　法藏館
京都市下京区正面通烏丸東入
郵便番号　六〇〇－八一五三
電話　〇七五－三四三－〇〇三〇（編集）
〇七五－三四三－五六五六（営業）

装幀　田中　聡
印刷・製本　亜細亜印刷株式会社

ISBN 978-4-8318-7720-8 C0021